阿尼玛卿的碎羽

The feathers of Anemaqen

椤本才让·二毛 著

民主与建设出版社
·北京·

图书在版编目（CIP）数据

阿尼玛卿的碎羽 / 楞本才让・二毛著. —北京：民主与建设出版社，2018. 3

ISBN 978-7-5139-1919-7

Ⅰ.①阿… Ⅱ.①楞… Ⅲ.①诗集—中国—当代②散文集—中国—当代 Ⅳ.①I217.2

中国版本图书馆CIP数据核字（2018）第012832号

阿尼玛卿的碎羽

A NI MA QING DE SUI YU

出 版 人 许久文

著　　者 楞本才让・二毛

责任编辑 刘　芳

封面设计 中尚图

出版发行 民主与建设出版社有限责任公司

电　　话 （010）59417747　59419778

社　　址 北京市海淀区西三环中路10号望海楼E座7层

邮　　编 100142

印　　刷 北京盛彩捷印刷有限公司

版　　次 2018年3月第1版　2018年3月第1次印刷

开　　本 710mm × 1000mm　1/16

印　　张 20

字　　数 210千字

书　　号 ISBN 978-7-5139-1919-7

定　　价 59. 00元

注：如有印、装质量问题，请与出版社联系。

目录

PART 1

私密的胎记

私密的胎记 — 混浊的呓语 — 西藏的手印

远去的牧人

每次路过草原。瞭望无尽头的地平线，清香的野花和蚂蚱，还有头顶上的鹰，都让你满满感受到这样一个别样的国度，草原帝国，大陆主人，万水之源，众山之首。

草场退化，周边沙漠的线条逐渐逼近，这些感觉与自己无关的话题或者事件，现在出现了。春天混浊天空的扬沙，饥饿的羊子晚上开始嚎叫的时候，牧人感到心疼，更直觉地意识到，从前的日子所剩无几……

即将到来的不是世纪的迁徙，而是草原历史上从未发生过的事件——定居。

草原具有可怕的化解能力和吞噬肠胃，几乎所有不用运走或者运不走的东西，都抛在了草原，那些啃干净的羊骨头、牛头，还有动物的死尸，都弃置草原，或暴露阳光下，自然晒化，粉末被强劲的风吹走，或者在低洼的地方掩埋，那些可能滋生的病菌就不会生存，而油脂的动物尸骨恰恰是草原上的肥料，就是一点腥味，也被风吹得远远的，消失在草原蓝色的海子上空……

迷失于草原的事件，可能永远不会发生，因为被规划过的草原有了标识，有了地标性的识别客体。迷失于草原，这听上去浪漫至极的事情不会发生了。有了定位系统，可以测定人与有水、食物地点的距离，来决定自己的方向、行走时间，以及所要耗费的能量。一切都是安全的，除非是连牧人都很少涉足的草原深处。狼已经不可能来吃你了，因为它面临的危险远远超过了你。少了狼，那些混迹于草原的一些家伙就欢喜起来，丑陋的豺、火红的狐狸、狸猫，还有可爱的野兔，它们在天堂般的绿毯上过起自己的日子。牧人一般是不会猎杀它们的，食物已经足够了，虽然草场退化，羊群减少，但各种各样吃的东西越来越多了。

古老的畜牧传统手工艺制作，开始逐一消失，幸运的是，它们尚能变成一些劣质的工艺品、装饰品。老人垂暮，匠人改行，孩子在内地上大学，女儿先是在城镇打工，勇敢地开始养活自己，然后成家，带着丈夫和孩子回来数日，重新回到他们城镇上的小窝。无垠的草原夜晚少了婴儿的啼哭和女人的喘息，如同死了一半。从来没有过这样僵硬无情的草原之夜……

许多夜晚，手工活也慢慢停下来，一停，就很难再捡起来。工具散失，一时半会儿找不到，手也生了。最重要的是，这些手工的东西，已经用不上了。没有意义再做了。大量的、便宜的、耐用的东西纷纷涌现。

这是畜牧文明的挽歌，这是一个沉醉在创造美、歌颂美、欣赏美、追求美的民族致命的洪灾，只是，认识到的人还不多，惋惜、叹息、失意的人不少，但是，真正从某个角度或者高度，呐喊、呼吁、发火的人寥寥无几。

热闹的定居点上，人们开始选一些花被子。曾经厚重的羊毛被子被放在柴火房里，不久，就被扔了，见不到阳光，不着体肤、不翻晒的皮袄是会发臭的……

于是，许多博物馆相继诞生，意义非凡。建造类似这样的博物馆非常艰辛，人们总以为无非是收集一些不用了的旧东西，很难找到的老古董、爷爷辈的火枪、奶奶们出嫁时的辫套、变了形的靴子、一两块叫不上名字的兽皮……

其实，说是“博物馆”并不到位，不刺激，不带劲，应该称之为“纪念堂”为宜，更多的是一种祭奠的心理促成许多人的热心和激情。有些人拿出金丝野牦牛化石一样的头骨捐给某牦牛博物馆，此博物馆更应叫“牦牛文化馆”——牦牛还未灭绝，牛粪还散着热气，远未到“博物”的地步。

帐篷进入博物馆，夜里的一点光亮熄灭了。篝火的灰烬、温度慢慢退去，火塘边的神话童年提前结束。帐篷里发生的“情事”已不再可能。从前，帐篷间虽相隔很远，但一声哨响，乡亲就会策马赶来。不管是路过的猛兽，还是陌生人的气味，在遥远的地方就能嗅得到。藏地的草原没有蒙古高原上那样欣欣绵长，淹过羊背，而是最典型的高山草甸，几乎每株草都带有弹性，微微弯曲贴着地面。就是这样的肤浅，你眯着眼睛，似睡非睡之间，会被牦牛粗壮的呼吸喷醒，还有一溜溜黏糊糊的口液，这时，牦牛已经能舔到你的脸了，睁着圆鼓鼓的牛眼睛——这么一个庞然大物靠近，你为啥一点动静都没有听到呢？这就是草原的诡异，轻抚的草浪糅合了一切，包括草原上几次战役的血腥味、哀号声，都消失了。虽然科学已经证明，所有声音都在一个位置上，只要生成，永不消失。

草浪珍藏着一切。

从帐篷搬进定居点，一排排缺少最基本的美感和便利的水泥房子里，隔壁就是熟稔的叔叔，但中间空心砖的墙无形中形成两个单位，两户人家，不同的生活、休息方式开始互相干扰起来。

藏獒就更加有了自己的传奇——它变成了宠物，开始脱毛，受用狗粮，为适应新生活、新环境竟开始摇起尾巴。至于那些凶猛的，不担心，有青海人焊接的铁笼，结实地等待它们的怒吼和咆哮。

牧女是最美的，可现在会变成定居点上善于算计、斤斤计较的小商店主，廉价的防晒油让皮肤开始粗糙起来，从前的“红耳团”“高原红”真的成了一个记忆的符号、前世的胎记。

草原和大地的关系发生裂变，和公路、铁路的纠缠，来自于交通工具本身。交通工具改变了草原的习性和牧人的脾性，也改变了河流的方向和牧场的肥瘦。马蹄—牛背—羊肋条、马鞭—牛粪—羊毛、马鞍—牛轪—羊尾，这些特征之间的关联正在消失。汽车、摩托车在草地上压出的车辙，来年都清晰可见。

难道你不让牧区有汽车？这样弱智的问题是不屑回应的。草原上的我们太过放任，因为她的沉默、她的逆来顺受、她吓人的消化能力和健忘。可是，在她薄薄几厘米下的沙砾、裸石、石灰岩渣，有几个人安静深刻地蹲在旁边，会不会具有危机意识地想象一下？表皮一旦被揭起来，自然修复那个沙眼或瘢痕，需要六百多年的时间。你绝对不用担心放个屁会影响草原的空气，但是，你一定要留心脚下踩下去的那个坑！

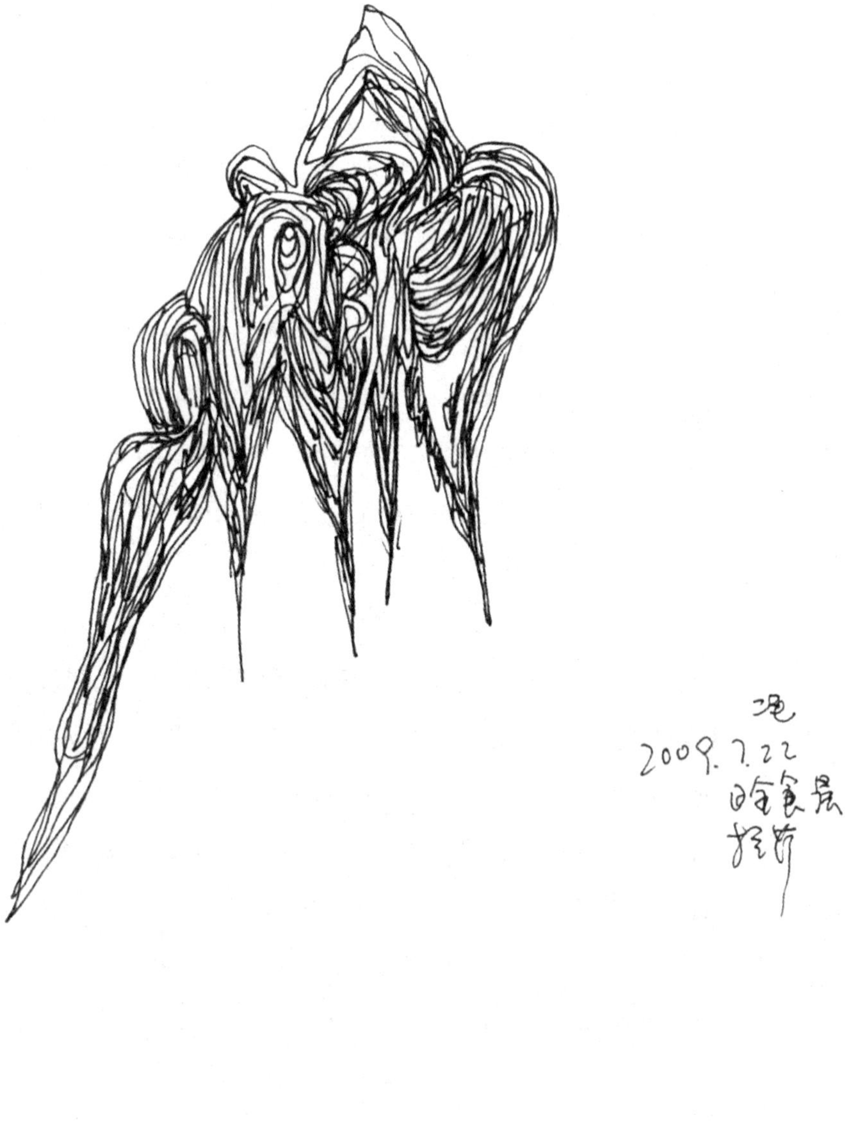
2009.7.22

网围栏绝对是一个伟大的发明。它其实是非常遭人愤怒的一个物件。试想，架设网围栏的地方都是一些什么样的地方？要么是见不得人的，要么是不让人见的，再就是明目张胆的陷阱和公开的阴谋。

这样一个带着愚蠢手工的发明和处处弊端的东西，突然有一天出现在一望无际的草原上，告诉生活了几千年的人们说：科学放牧，科学地休养生息，科学地吃草，科学地喝水，科学地发情，科学地交媾，科学地睡觉……

夜晚，草原像个集中营，会引发人的突围情绪，极容易患上“悲壮欲”。

白天，晃眼的阳光下，感觉看守在睡觉打盹，想去夺过来一把剪刀。

当千辛万苦的游客一路亢奋着到达草原，在山峰下、草原上发出“耶”的一声的同时，举起的那个和自己没半毛钱关系的V字手，网围栏就是他们身后的帮凶，是他们粗略的旅游文化的一部分垃圾镜头，是钉在耻辱架上的民众低俗文化的证据。

从每个角度看过去，草原都像一个正在被布置的战场，但执行者显然缺乏审美，于是，草原变得狰狞起来，陌生起来。许多困在网围栏上、缠在铁丝上的羔羊成了狼和豺狗的食物，意外的是，这次它们不用花那么大的力气去追撵，厮杀，当野兽窃喜的时候就是它们野性本能丧失的开始。

天在看，是真的。

最让人紧张的是，最后一代传统意义上的牧人，真的远去了……

农区的老人们蜷缩在屋檐下、坝子根、树荫下，或者炕头，而牧区的老人则完全暴露在阳光下。炙热的白天，帐篷里虽然清凉，但帐篷周边有许多要做的活儿：剪完的羊毛要打捆，背到河边去洗；曲啦（牦牛奶做的奶酪）刚刚晾干了一半；要把牛粪饼垒起来过冬；拴狗的绳子有些旧了，需要换一根更结实的；毛毡快要织完了……

在老人和壮年的劳动中，年轻一代大多在搭建旅游帐房，在镇子边上倒卖虫草，还有的在谈承包水渠挖土方的事，也有人计划着去更远的地方走走，那里有弟弟妹妹在上学……

他们再也回不去草原了。他们懵懵懂懂的，有些悲伤的感觉，有些莫名的惆怅。有时候，他们会久久望着草原，草原太大了，而草原之外的世界更大，而且更精彩，更有味道。

草原逐步迎来了老人的黄昏。

孙子们再回来的时候，老人的牙齿基本上掉光了。孩子们会带着相机和观光客、同学回来，“家乡的景色真美啊！”只要是赞美，谁的口气都是一样的。

许多人开始做田野调查，纷纷确定自己的研究方向；许多人写诗、写歌、拍电影，拍最难拍的纪录片；草原上的夏季，各种疯狂的节日一夜之间冒了出来：什么花节、什么草地音乐节、什么朝圣节、什么风情节……太多了。

节日一旦结束，空旷的草地上，只要站一会儿，就想哭。

有人曾对茹毛饮血的藏人“谈肉色变”，但今天，不知为什么忽然喜欢上了牦牛肉火锅、牦牛肉干、牦牛肉酱，牦牛尾巴也被尊为“拂尘”，牦牛头骨可以辟邪，牦牛角做的梳子可以去屑生发。可怜的牦牛还来不及长大，就完成了自己此生的“肉供养”。机械化的牦牛产业已经到来，“牦牛崇拜”的时代拉开帷幕。

远去的牧人啊，快快回家。

附上这篇短文的“药引子”，那首《远去的牧人》的简谱，这位被称为贡桑吉的女孩，妈妈起的名字叫更藏吉，一个世代在祁连山下繁衍的牧人的后代，深情地演绎了这首歌……

远去的牧人

词：樗木村让·二毛
曲：小磊
演唱：贡桑吉

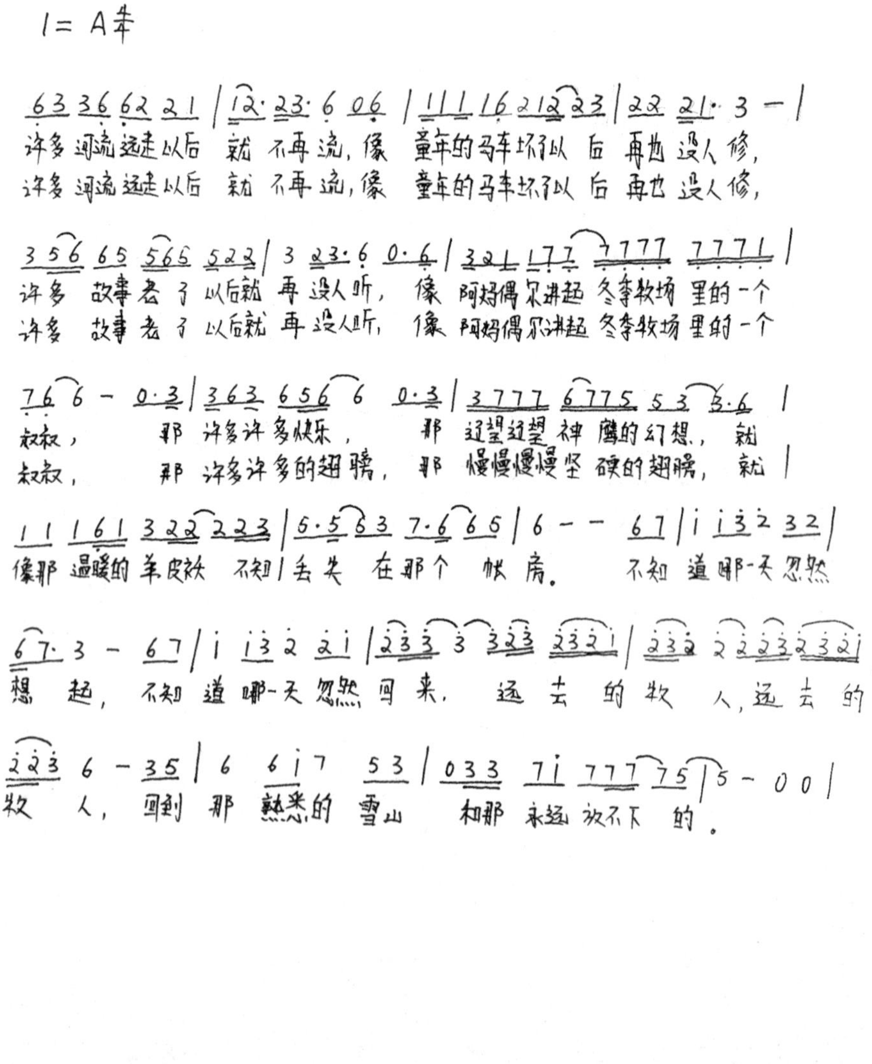

2012的雪顿节

雪顿节，如果认为仅仅是吃酸奶的日子，那就太可笑，太弱智了。

公历2012年8月17日是西藏传统的宗教加民间节日——雪顿节，哲蚌寺晒佛，罗布林卡看藏戏，人人吃酸奶，是拉萨人于这日最主要的三件事情。

出乎意料，今天是个阴天，下午还下起了雨，雨点很有力量，砸在的花岗岩石板铺就的布达拉宫广场上，突地冒起一丝丝热气，便很快消失了。远处，已经漫起拉萨河谷特有的雾气，在东面的山巅上，像一个巴掌慢慢落下来，发出呼啸……

拉萨，又一次在雨水的薄雾中轻曼地呼吸着。周围的八座山尖缠绕着云彩，看上去更像握紧的拳头，沉甸甸的，包含着水和一些金属粉末的东西，对，是那种铅灰色，柔软的铅灰色的云，纠结在周围。

桑烟中的古城洋溢着一种人神共欢娱的香味，这种香味是人们非常熟悉而眷恋的。游客在巨大的堆绣唐卡前惊呼，桑烟沿着山脊漫开在拉鲁湿地的水汽中，湿地里还留着几头牛，标准的拉萨奶牛，体态硕大，花色斑驳，脖子上挂着铁质的铃铛，只有在赶它们回家的路上，才能听到咣当咣当的声音。

在拉萨没有今天这么多汽车的时候，这个声音在很远的河边都能听到，这声音也告诉人们，黄昏已经临近。那时，晚上经常会断电。近二十年前，羊卓雍措湖的电站正在加班加点的建设中，现在，高大的铁塔举起的电线把光亮穿透在大大小小的人家里，而那时，人们会准备夜间点明的器具，比如洋蜡、汽灯，乃至牛粪火微弱的亮。适度的黑暗很容易让人们围坐在一起，说笑，讲故事（藏族是一个特别会讲故事的民族），回忆过去有趣的事情。如果邻居刚刚发育的女孩或男孩过来找个借口坐坐，那气氛就更不一样了，放在柜子里的许多好吃的就会被拿出来，偶尔还会喝上几杯青稞酒，或者拉萨大瓶装的750毫升的啤酒。夜色深沉，甜蜜充实，各怀梦想，鼾声在老旧的墙壁间轻微地响起。

多么美好的生活啊！

这是拉萨老城区里曾经的一幕，如今，新的场景取代了——在不经意中被消融，化解，异化，被莫名的东西充斥在内部，人文与精神在表象层面的拼贴，是一幅幅怪诞的画，古老的具有象征意义的面具成为LOGO，成为POP，而那始终没有褪去的是什么？应是身体和骨子里的胎记、形状、颜色、位置，就因为在本身，所以，胎记更容易被忽略，被忘记，而忘记胎记的另一种结果是，新的再生的欲望，强大、无序、暴烈、缺少方向；没有唉声叹气的民族绝对是一个没有远方和希望的民族，而抚摸胎记、忘却祖先的民族更是应该受到鞭笞的。

母亲啊！

雪顿节的酸奶还没有端上来，我却喊起了“母亲”，这让周围出现了一阵沉默。几个来自北京的朋友执意要去哲蚌寺观瞻唐卡，结果，交通管制让他们的车在远远的地方完成了观瞻的礼仪。如果他们要走到唐卡近前，需排上两个多小时的队。显然，他们经过商量，采取了最有意思的方式，开车在山对面的村子里转，据他们描述，地点应该是在当巴村里面，然后，选一个最佳的角度，把自己放进镜框里的唐卡上，拍了几张最佳的照片，雾气中的唐卡更显得摄人心魄。

他们几个人的笑声让我感到几分欣慰。

我把他们留在楼下，自己坐在卧室的垫子上，想着酸奶，又想到母牛，接着是牛棚、草地、溪水，乃至遥远的山脊、黑帐篷、牧民……想得飞了，太飞了，远得不得了了……

晚餐是一定要有酸奶。同伴从团结新村的小区里买来了最正宗的那曲酸奶，一大搪瓷盆，上面凝固着一层淡黄的奶皮，证明里面掺加的水很少。酸奶就像豆腐一样，有一定的黏结力，这才是让人释然的酸奶。北京的朋友大口享用着，不需要白糖之类，他们更喜欢原汁原味，尽管酸奶确实非常酸。“酸奶不酸算什么酸奶啊？”朋友说得有理。

结果，几个人晚上跑肚子了，不光是酸奶，还有一起喝下去的啤酒，这两样东西同时下肚，会洗肠子的。肠子、肚子、小腹是不会疼的，只是很顺溜地跑肚子，肚子里空空的，像一截拉萨古城里的甬道，发出咕咕的声音，空荡荡的声音。

咕咕咕的声音和卫生间马桶冲水的声音，几乎断断续续串起了一个晚上。第二天早晨，他们的气色格外好，红润、洁白、线条明细，多了几份英武和媚态。

他们高兴地宣布：排毒成功！

那年的夏季多么喜悦，啤酒加酸奶的排毒，而且非常成功。

喜悦之时，也出了几个意外。

意外之一：

一个灰白头发，在国内外都极有影响的作家，在陪大家去寺庙参观的过程中，在佛殿油光的地面上，认真、缓缓地、富有节奏地磕下头，默默完成着自己的朝拜仪轨。与此同时，站在旁边的北京朋友非常惊诧、非常陌生、非常意想不到地看着这个前卫的作家重复单一的动作，最后，还是有朋友忍不住要询问，毕竟大家都是很好的朋友。

“你也要磕头啊？这是老百姓做的呀？”

“你是个大家了，还给这些塑像磕头啊！”

“原来你们信仰的根基这么深啊！”

夜晚，我们的身边充斥着拉萨的凉风、酒和烤羊肉，话题偶尔转到白天的磕头上，偶尔转到现在混迹拉萨的“藏漂”里哪个女孩比较吃香，还有一本啤酒打湿的书，是一个来了二十多天西藏的才女写的，书名叫《嫁给藏哥》……

那夜，那个灰白头发的兄长一如既往地喝着，嘴角挂着那丝笑，像一个不愿拿出宝贝的吝啬老头儿，只等合适的机会，暗传玄妙。

意外之二：

拉萨河的水在雪顿节期间是最冷最彻骨的，是山上的雪水汇集而来的。“夏天比冬天冷”的谚语，大概就是由于这样特殊的气候特点应运而生的吧！

我们到了拉萨河边，那时，还可以接近浅滩，在鹅卵石、沙砾之间被毛刺戳伤脚掌，只有几截断断续续的防洪堤，已经被阳光晒化了表面的水泥，里面都是水泥砖，看上去像一堆工业垃圾堆放在这里。

河面上没有任何动静，出奇地安静，拉萨河特有的那种安静，可以听到水底泥沙纠缠的声音，还有鱼儿的喘息。我们几个本地朋友会意地挤挤眼睛——把北京来的那个最矜持、最叫板的女孩扔下了水，扔进了拉萨河，一声撕心裂肺的尖叫……

她明显生气了，不是生气，是愤怒了，非常的愤怒。但是，她哆嗦了几下以后，“意外”就发生了……她在水里娴熟地脱去了外套、裤子，从后背解开内衣的扣子，忽地扔上岸，开始自由自在、洋洋得意地游动起来，那个飘来的内衣差点套在哥们儿头上，让他变成一个空军飞行员了……

她被激活了——在寒冷的拉萨河——在炎热的拉萨夏季——在酸奶的醇香中，我们的姐妹被激活了，被激活了……

意外之三：

深夜两点，一伙人坐在大昭寺前，靠着里面种着唐朝柳树的石墙上，面朝紧闭的红色大门，各自唏嘘……

这是完全制造出来的一种气氛，一种场景，而大家都被感动了，除了去宇拓路上买清真烤羊肉串的我们。

我们拿着几大把烤肉，在广场边的花坛边等着他们，看着他们从广场走过来，个个神色庄重，似有若无，非常梦幻，但是，接下来，我们要吃烤串，喝啤酒，玩互相的念珠。

一个哥们儿眼前一亮，嗖地往广场跑去……

灯光下，他俯下身，为一个鞋带松开的内地姐姐重新系好，那么小心，那么认真，而且那么自然，意外这个时候还没有发生……

几个小时后，内地姐姐已经做出了一个几近悲壮的决定……

电视上播放的画面是巨幅唐卡正在展开。

与根敦群培共眠

尊贵的先生，你已进入了怎样的一种境界？而今，又有多少人在那里驻留？因为你思想的芬芳，因为你身上淡淡的酒香。可是，他们可懂得你的一个脚印被风带走的那种境况？我也不懂，我只是在拉萨。2011年第一场忽然的雪花中，用冰凉的鼻尖触到你的暖意。

你不能与民众交流，因为离群，因为苟延残喘，因为没有足够的器皿能装下你的言行。当时，有人，包括你的同乡、学生、挚友。那时，他正在得宠，而他路过关押你的监舍，却没有敲一下门，看看披头散发的师尊，你在喝一碗怎样的水。

谁知你英年早逝，你的思想和人文精神，与雨水给后人的恩泽。我们以回向的心，思于一个特殊时代的俊男奇才。现在每次开车或走路的时候，奇怪地想起你的尊荣，心里都甚感甜蜜。再看我们日渐兴盛又空乏的佛法与人，就变成暗笑了。

在任何时代，没有人能阻挡知识、智慧和灵修。没有人把你放在冰冷的后屋，你的修行便是众人的欢宴。你已进入无色界、无言轮回、无为。

任何时刻，总与你安眠在同一卡垫，芬芳与抽象的思绪，是清晨的茶饮——留宿一夜的女子。

一个伟人的熟睡，你能听到他均匀而缓长的呼吸，抑或心跳抑或一次梦魇中的喊叫。

我们从最初的文本或绘画中，才能稍稍悟出师尊的残言碎语，一个再普通不过的安多脚行僧，掀开的是藏族人文精神的第一页面。然而，在圣地拉萨，在爱情友善的街巷，谁接纳了他？这样一个孤独的，半僧半俗、半疯半痴、半颠半狂而又柔情万种的罕世才子。

也许，机缘的门还没有打开，或，已经打开，但，还没有光折射进来。所以，注定他、他的文字和一切的身体力行，都是对众生最朴素的一种阐释。

“我和你们在一起，但我又不是你们。”

这是拉萨河边的一幕：我站立着，像一根草，一块印石。但是，大师，我不能借助你的躯体而让自己发光。黑暗无尽，无尽的黑暗。

思想可以被禁锢，死可以忘却，但爱不可以了断。今夜，在拉萨河水的面前，师尊，阅读你的文字已不重要，重要的是，我似乎看到你瘦削而倔强的半张安多藏人的脸。

我流泪了，但不是泪水，是似甘露般的液浆，充溢四周。泛蓝天际，无穷的空明中，谁来祷告。

等我带领的人

（之一）

如何认识前世尘缘?

手里拣到一片落叶，上面的叶脉像极了老人手背上的青筋。曾经的青春没有一点痕迹，只继承了生命在延续中才有的风骨，就像每片落叶都要开始腐烂，我也将又一次结束我的生命，进入下一个轮回。

转世成什么？谁将是我的亲人？我是不是依然能成为人？显然，我得不到答案——我始终没有到达过花园，没有见到过园丁，我只做了盗窃果实的小偷，怀抱果实的炸弹，远离自己所爱的人，远离那无休止的人群，开始了自己的远离……

难道一开始我走向的就是一条自取灭亡的路？如果是这样，我反而更坦然了。我不会拖累别人，不会伤及他人，同样，也不会怜惜自己那缠绵数年，如此拿不起放不下的尘世情缘。

贝噶，一个如此简单的藏族姓名，第一次听到时，我的心却被一个光点击伤。在光点消失的瞬间，我拥有了什么？永远地隐隐发作，隐隐疼痛。多少年来，我紧紧死守，充实而孤独。有时，我努力试图流露出一些来，使自己不至于被紊乱的潮汐窒息。可一旦我以某种方式稍稍付诸实际，一切马上落空，得到的是始料不及的疯狂报应，从中我得到了一种快感，一种恐惧带来的异常快感。面对越来越混乱的天空，我的耳朵已听不到那远古悦耳的声音，诗歌中的王子像一个罪人般悄悄活着。贝噶，直到她离开祖国，我始终没有见到过她，而且可能将永远见不到她了。

这是给我的报应吗？还是我们前世的孽缘？

当我在拉萨、兰州、北京、香格里拉等许多地方，当我再极力地控制中写这些文字时，远在异乡的她会有一点感应吗？是否会忽然放下手中的画笔，眼神恍惚，呼吸急促，把门打开，关上，又打开？

如何认识前世的尘缘，从而更好地接近现实，顺应现实？我不去找她，只是等待。她连我的名字都没听说过，不知道天下有我这样一个身怀文字、四处行走，最终落脚拉萨的男子。那么，她不可能为我准备些什么，即使我见到她时，她除了惊奇，很可能一走了之。那么，那种神秘的感觉从何而来？难道仅仅是心理上的一种症状，一开始，我就是无望的吗？

事实上，从听到她的名字时，我便开始了追逐。不过，这种追逐只是一种强大意识支配下的理性情思，是幻想与梦境的延伸和断裂。当时，我完全可以轻易见到她。我甚至怀疑自己可能见过她，忧郁的眼睛、一头墨瀑……当时，在兰州的一所学院里，我遇到她时，她已经读到了大学三年级，专业是油画，而我家就住在学院里一幢年久昏暗的楼上。我是在家听混迹在兰州美术界的一位“小现代”女孩说起的她。当时，我坐在舒适的沙发里，听到“BG”二字时，全身抽搐了一下，心口忽然作痛。“小现代”后来都说了些什么，我没有听进去，只朦胧记住了这么一句：“她画画的时候像个疯子！”后来又有一次，一位毕业留在兰州搞音乐的女孩又说起她，说她在练瑜伽，其实就是在修藏传佛教的密宗。她对学院里的一位异族学生一往情深，但她所做的只是用这种传统的方式控制、灭绝自己的情感。有谁知道，她在苦苦守护着什么，对自己怀有多少坚定的信心，以至于几年后终于远走他乡，那雪白的牙床自始至终是紧紧关闭的。

我没去找她，没去悄悄地认出她，却能亲眼见证她生活的一些细节：怎样盘着头发，经常在哪个灶上打饭，绘画时喜欢大量使用哪种颜色，以及观修入定后身体微妙的变化……我对她一无所知，却因无知而拥有了无比广阔的想象空间。多少年来，我几乎已经用想象完成了她的另一种生活，在她的背后踏出一条无形的却满是她足迹的路，甚至路边的泉眼、花和跳跃的虫子都是为她准备的。然而，在一束强烈的光芒中——贝噶呢？多少年了，对我而言，对世上所有感觉到前世尘缘的人而言，贝噶，有时是存在的，活生生的，总有关于她的传闻被一些莫名其妙的人带来。而更多的时候，她是一把永远都不可能开启的锁，世上无法锻造出一把相配的钥匙，因为没有太多时间，没有精良的工具和充沛的精神，以及绝妙的福缘。

贝噶就这样一直浮动在我的视线中，我不敢拉一下手中细细的线索，哪怕只是轻轻一下。这是真正刻在心里的恐惧，我害怕的是，一切猝然终止，包括我在茫茫岁月中这种病态的思念和摸索。

我毕竟是幸福的。在无家可归、四处逃奔的生活中，能从蜜蜂的尖刺上感到甜蜜和适度的麻木，我真的是幸福的。我曾见过她的两幅作品，却无法用文字描述她的作品所表现出的复杂、奇特、诡秘，甚至惊慌的内涵来。我向藏画的主任吞吞吐吐地表示，想收藏BG的画，两次两个不同的主任几乎用同样的言辞和语气说：“啊！那怎么行？”我知道，留在学院里的那幅有马和山冈的画是她送给我这位朋友的，那时，她已离开了学院。另一幅在西宁的一位当记者的朋友那儿，他甚至忘了是从哪儿得到的。那是一幅表现某种结构散失的画，笔法极其狂烈，后来，他知道这是贝噶的作品，才认认真真地挂了起来。我轻轻地摸着油彩起伏不平的坚硬画面，几乎到了可以让它们重新运动起来，而成为一幅安详、平淡甚至带有彻底宿命的画面的程度。一个女子要用颜色刺穿我们生命最后的表皮，她不知道要具有多大的决心和才情，甚至还得有那么一点点残忍和犯罪欲。我同样很疲惫，在贝噶的画前站的时间稍长一些，就像已经跋涉了千山万水之后，看见一缕炊烟一样，忽然疲惫而绝望。

最终，我没有得到这两幅画，也没有强求，这也许是我性格中柔弱成分体现得最充分、最真实的一次。如今，我还有力量延续这种思绪吗？我最终能到达哪里？我只能用我的文字面对沉默的岁月，记录我生命中灿烂的时刻。我在断断续续写一部名为《梦呓：见到贝噶的二十一个场景》的小说。在这二十一个场景中，我变换成二十一个不同的角色，贝噶也同样。我根本没有把握能最终完成这部小说。但是，既然我还能活过今夜，明天肯定已有所安排，只待我无畏地进入。

（之二）

我的前方浮动着许多面孔，在漫天桑烟的笼罩中，使我一次次迷失在拉萨一条叫帕廓的街道里。我知道贝噶也曾在这里徜徉停留，而且在一家著名的百年老店定做了一件传统的藏服。那应该是秋天，贝噶挠着下巴，看着这么多华丽的绸缎，选中了一种布满淡蓝色碎花的浅色料子。那面料来自尼泊尔，质地柔韧光滑，在她的手中，花朵倾泻，充斥于整个街道。

贝噶应该是美丽的，尤其穿上这件本族的衣裙后，更是美艳绝伦。那合体、华贵的衣裙包裹着女儿何等轻柔伤痛的身体。我到拉萨后，才懂得了贝噶出发的动机就是为了获得这样一件祖先的裙袍，而我只为找回一串佛珠。我们并没有相遇，抽着鼻烟的康巴汉子和皮肤白皙的老店女主人只是沉浸在对贝噶的赞美中、怀想中，全然没有注意到我悲戚的神态。

贝噶是多么孤独，即使在她向往已久的圣地拉萨，在同胞的簇拥中，却连一个收留她、接受她的人都没有出现，那青春的身体在夜晚远离那一朵朵淡蓝的花瓣，是何等的紧张，不堪一击！我到拉萨时也是在秋天，一夜之间，所有的树木被风洗劫，无数片嘶叫的落叶席卷了整个拉萨。虽然我在朋友中间，有几瓶酒和一盘手抓羊肉，但窗外吼叫的风还是让我深深惦念着贝噶——风中的贝噶，但愿此时，她已关好了门窗。如果她还在路上，或许已被这死亡的叶片覆盖了，销遁了……

我忍不住说起了她。朋友们出奇地沉默，这是每次不管谁只要一提起贝噶这个普通名字时，大家共同的反应——沉默。慢慢地，贝噶成了某种带有悲剧色彩的符号，尤其对于男人们，贝噶是打在脸上的一块褪不去的惭愧和羞耻，没有一个人有哪怕一点点勇气去追求她，追随她的脚步。

我还有多长时间，还剩下多长时间，在贝噶的注视下，完成我的夙愿？我还是不敢拉一下那根潜藏的细线，哪怕是轻轻地。我从西藏文联大院搬到拉萨西郊一个叫嘉措的村庄，然后又搬到东郊的嘎玛贡桑，最后又“搬”到……这就是我在拉萨最初的生活，像水面上的浮草，始终处于动态中，而草本身却是平静安详的。

贝噶呢？从不知是真是假的传闻中，她没有成为一株幸运的草，也许她就是洪流本身，她就是悬崖之光。

传闻之一：

在另一座雄伟的山脉中，贝噶成为一名很受欢迎的画家，作品非常抢手，而且价位不低，这使她的生活完全可以自立。世界一些著名的画廊、博物馆都开始订购收藏她的画了。眼看她就要跨进艺术家的行列里，然而……（我知道她是个天才艺术家，我看到过她的作品，那不是设计、构思、描绘出来的，没有表意，没有指向，而是把心中的情感或情绪直接无畏地喷射到一块具体的画布上。那些纷乱的色彩其实是她的心血，而不是什么化合的颜料。）

传闻之二：

贝噶削发出家了，原因不明。人们很少看到或听到她外出，有一段时间，她闭关苦修，并没有皈依哪一位上师。同时，她放弃了绘画。（她真能割舍下那件布满淡蓝色碎花的飘逸的衣裙？这是我刚听到这个消息时的第一反应。她应该有一头我想象中的藏族女儿的浓密长发，锋利的刀剪会让它们落地吗？我不知为什么感到一丝庆幸和放松，她投进了一个博大、慈悲的怀抱，理应化作涓涓细流，理应融化在空明的时光之中。她从来就没有红尘伴侣，亦从来没有得到过天缘的知己。）

传闻之三：

一位失明的至尊长者爱怜地抚摸着贝噶的头颅。

贝噶哭泣着，请求长者赐予她一个孩子。

她用刀失控地自残，清醒过来的时候，会抹一种印度的油膏在尚未愈合的疤痕上。

现在有人在专门照看她，也终于有人陪伴她了！

后来，我彻底失去探询、聆听这些传闻的勇气。我的内心是一片漠然、一片苍凉、一片麻木。我把手放进水里，看到变形的指节和膨胀的经络在水的内部，恐惧地扭曲着、挣扎着、呼叫着……而水，正在灭绝自身心性中的妩媚和暧昧。那么，谁知道此时受伤的是水，还是这手掌呢？

谁知道？谁知道？请你——站出来。

（之三）

2004年冬天，我离开了拉萨的石头房子，完全用石头垒起来的房子，到北京去做一部叫《鹰笛天缘》的电影。当时，非常感谢导演和制片方的信任和邀请，我是急于离开拉萨的，是为了结束一段生活。梦魇一样的日子，终于到头了。

同一时刻，在雪山之外的贝噶，只裹着一件并不太厚的纱丽，

不停地在发邮件，写便条，东呼西唤的。她在安排下一步回国的计划……（这是后来才知道的）

冬天的拉萨，天是灰色的。

飞在天上的飞机也是灰色的，心里，也是灰色的。

但是，有一种如释重负的轻松，一种压力散去之后的松弛，还有一丝窃喜。我在自由地飞翔着，这让我的心情有了一点色彩，好想把飞机的一个翅膀也涂上颜色。带着这只彩色的翅膀，我开始近四年的漫游……虽然走的地方不多，但走得很深，三江峡谷里的迪庆、大理、丽江，巨大的康区甘孜，北京，玉树……单纯的漫游，随手记一些文字，同时，也想起贝噶，却始终没有打通过她的电话。

某年的一个秋季，我一个人恍惚地走在香格里拉正在改造的马路上，忽然有一种冲动，有一种想抓住一位亲人手的冲动，一种揪心的疼，从肩膀上晕开。我站在一个公用电话亭里，拨通了贝噶的电话……

“哈喽！”电话的那端好像是她的声音，但绝不应该是这种声音，这个声音已经背叛了故乡，背叛了经历，背叛了出走的初衷，但是，这似乎就是她的声音。她的声音好像就是这样的，或者，应该是这样的……

也许我们不在一个语境下，所以，这个声音是没有针对性，没有客体的，在当时的我的耳朵里，它太随意、太市井，而且飘过一丝廉价。

那个凝重的念头，重重地落在地上，砸出一个大坑。

那条丝线，终于放手让它飞了，仅仅因为山那边的一句“哈喽”。

许多喃喃自语者也念叨着一些毫无关系的名字或称谓。大街小巷，走的不只是我这样一个人，在找那个等我带领的人回家去。街上有许多人，走在拉萨的八廓街，走在大道上，也走在悬崖峭壁上。

但总有一些人，他们走在潜伏的道路上，怀里是一些甜蜜而深沉的字眼，他们自觉地裹着自己，从不伸手惊扰别人。他们离群索居，清贫，按最节省的方式出行。他们有时是你的邻居，有时是你的伙计，但绝不是你的同伴。他们像我一样，寻找着“等我带领的人”，寻找着“带领他的人”，多少寂寞的时光在消磨他们的锐气、他们的青春、他们的血气。

走过岁月，他们一个个明显老了，穿着一件圆领的T恤，手指里习惯捏一个小纸团，大口吃肉后，第二天要吃一个大西瓜。

贝噶呢？或者那些可以称为贝噶的人们呢？他们站在哪里？看见了什么？

也许这根本就不是一根丝线，而是一块并不存在的胎记，印在西藏高峻寒冷的大地上，印在我这个将近五十的男子身上，伴随着暮日年华……

等我带领的人，到底是谁？到底是谁？

“独善”与“慈航”
——为王子璇的画写的几段文字

我们见过许多以佛为题材的架上绘画、装置、行为艺术等美术作品，自由地解读着佛千年不变的偈语、佛的根本理论、佛的不亢不奋的愉悦，再高一些的层面上，阐释佛的思想。佛有思想吗？似乎没有，她只有思维，一种从未间断的思维，这思维就是把爱、智慧和力量汇集在一起，和谐地融合为一体；当然，还有方便，一种在道路上，适度的技巧和运动。

佛的形象被雕刻成透明的冰块，放在拉萨河中，慢慢地融化着……

佛的代表身、语、意的特殊建筑体——佛塔，用拉萨啤酒堆砌起来，当然，酒瓶是空的，里面的液体不知去向……

佛出现在许多国家的纸币上，用另外一种方式流通着她的思想……

这是我们见到的一些具有代表性的佛的题材的作品，许多都出自优秀的藏族画家之手。这些从小在佛的氛围中长大的画家，他们带有审思甚至疑问的作品让人们看到一个我们认识的佛的世界和我们的关系，永远那么疏远又亲密无比。

子璇画画，我是没有想到的。2004年的夏季，我们一群人在拉萨大昭寺为释尊镀金，然后沿着雅鲁藏布江到了山南地区的桑耶寺。那时，我们一路上谈论的还是子璇的歌，她意愿中的下一张专辑。我们甚至谈到了一些细节，比如音乐的风格，词曲、包装的设计，还有再拍什么样的照片作为封套……我喜欢她的歌。那时，她沉迷于云南香格里拉的山、水、人，对那片美景的真实吟唱，让她有了自如的表达和驾驭的快乐。歌声飘得很远，我们跟着她的歌声也一度飘得很远……

在北京生活几年后，我回到拉萨。电话中，子璇告诉我，她开始画画了，而且画的是她臆想中显现出来的佛的形容。她的声音听上去有些激动，但能感到她很安静，那种暗蓝色的水内部的安静，凝固的，很少能被触及的安静。

她回避开了很多露脸的场所，一些酒会，一些雅士们很雅致的聚餐和名堂繁多的活动，也疏远了一些朋友。她如香格里拉春天的晨雾一样散漫开了。

也许，就在那时，她开始了绘画。在从最初微妙的幸福和一丝紧张中画下了第一抹色彩。那时，执着、迷茫、面对一个浩瀚世界的陌生和急切，客观地加速和刺激了子璇的神经。她看似只是在某种兴趣下排遣式的画画，其实，彰显出的是她经历过的一次蜕变，一次浴火重生，一次从内心出发，然后沿着朦胧的前方，一直走下去。这样的决定，和佛有关联吗？

子璇选择北京作为她的“工作间”，把画布、笔、颜料等集合起来，轻轻关上了门……

她也偶尔外出，去一些喜欢的地方，比如香格里拉的村庄、四川的山里，更多的时候，她倦于北京，坐在一个小板凳上，面前是一个很高的画框，上面绷着画布，画布上是一尊尊“佛”的面容，若隐若现。

在很大的画布前，子璇显得瘦小了一些；在佛的面前，那悲悯的眼神中，子璇是一个什么样的形状？什么样的特质？是一种什么样的欲望，让她描出这样的佛的尊颜？显然，我们暂时得不到答案。

在子璇的佛前，欲望消隐了，哪里去了？

佛的基本思维中，一个非常重要的话头就是“及时行乐”“乐在其中”“其乐融融”，等等。佛的本意是让我们快乐，真正地快乐，最起码，抱着快乐的念头活着，哪怕活得很苦、很累、很无聊，但根本的出发点是“快乐出发”。自古以来，那么多的僧尼、苦行僧、隐修士、蓄发托钵者们所历经的苦，最终的目的也就是到达快乐的彼岸，虽然，彼岸也没有太多的幸福和快乐，因为，生即是苦啊！

那么，子璇的画是她通往彼岸的“叶舟”，是“慈航”的桨橹，也是“独善”的快乐，一种进入无人之境的孤寂和窃喜，没有嘈杂的空寥。凝视她的画，好像答案都有了的，是的，都有了。

佛法之——“其法之严，严不可传；其法之深，深不可测；其法之密，密不透风；其法之妙，妙不可言”。在这样一个没有悲喜交加，没有血气和正常呼吸的世界里，那智慧慈悲的佛法栖息在哪里？想到这里，我们真的捏了把冷汗，直到看见子璇和类似子璇这样绘画“佛”的大持有者时，汗渍才稍稍散了些。

我们没法感谢，我们匍匐，行走，穿越，偷渡，掩藏，佛一刻也没有离开过我们，离开过我们的生活。真的。

然而，我们做了什么？我们例行供上香、水、花，还有一段低沉有力的梵乐，然后出去上班、旅行、做事，却始终觉得外面的世界不安全、杂乱，人与人难以相互信任，缺少最基本的保障，在买菜或买票时，不容许售票员找错一二毛钱，否则……哼！别人在拐弯处不小心撞了一下我们，我们的嘴里会发出几句怨言，而在几个小时前，同一张嘴刚刚在佛龛前沐浴着佛的恩泽，念诵了心经，或入菩萨行论，或自我最喜爱的佛号……

显然，我们已经被分裂了，换一种说法，我们在分裂地活着。佛祖释尊从一个王子成为一个脚行僧，再成为一个觉悟者，他一直在分裂中活着，甚至，他差点给饿死了……

似乎离题了……

我一直很小心地提示着——不要轻易去拥有信仰，去寻找信仰或被信仰选中。因为，信仰不是一顿中午的工作餐，也不是一张抽纸巾，而是萦绕一生的心灵叩问，一种几乎绝尘的献行，一种把恶心、污秽、厌恶、逃避都化解成一种叫“甘露”的小药丸。然而，当下，许多人在严重的出离心中，却无以复加地拼搏、奋进、壮大着，这多么可怕！

他一个人的时候，坐着或躺着的时候，会是什么样？！

我从来没有勇气做这样的想象。

唉，该回到子璇的画中啦！

电子邮箱里收到了几幅她发来的画，圆形思维的佛被描绘在四方形的画框中，就像一栋小心打开的长条经卷。中午的拉萨飞过一阵太阳雨，周围的山尖竟染上一道白雪，这就是地理学概念上的雪线。雪线之上，空气越来越稀薄，天很蓝，云朵更厚实，那是信仰的处所，是智者们欢宴的桌案，是苦苦思考的心放下心障，屏息运气的妙然之地。

子璇的画，就像你忽然站在这样一个海拔上、雪线上，让你有一种失重的惊喜，稍稍还带点恐慌。视觉和记忆中灿烂的佛，现在是铅灰色的、青色的，浅蓝中糅合着铁屑神秘的光波。许多密集的点，就像许多许多烦恼的种子，汇合在一起，在一个平面上构成一座立体的坛城，庄严国土，有情众生，不舍不离，无所不在。无色界的大究竟，究竟是如何的恩德？这好比骄阳晒过我们的每一寸皮肤，而灼伤的有可能就是子璇这样的思索，并把思索的呓语画出来，给大家看，让大家的脚步在佛前稍稍多做停留，凝视或者想点别的什么。

这里，我不敢解读子璇的画作，不敢做评论，依佛、念佛、信佛、崇佛、学佛与展佛当不同，尤其是在子璇萌发这个念头的一瞬息，她所感应到的某种神秘的启示，她的思情被潜在的能量劫夺了，她顺从地接受了，这是某种令人战栗的勇敢。顺从比叛逆要艰难得多，实在是太艰难了，这下，我们又要找寻子璇的另一个源泉——她力量来源。从一个学习舞蹈的女孩到舞者，到一个灵秀忧郁的歌者，再到现在的绘画者，她的足印始终和某种需要天赋和灵性的生活方式以及表述意境有绝对的关系，这里面存在着前定的因素，一根似乎看不见的细线穿起散落的珠粒。子璇就这样，度过了她的那些时光，能静下来作画、听音乐，过着许多人羡慕的生活，在北京巨大的水泥森林中，静守着佛的怜爱，忠诚于细小的画笔，该放下的，都努力放下，不该放下的，绝不放下。

有关《西藏病历》和卓的手记

1998年秋，我被一种病怏怏的氛围紧紧包围着。当时，我正全身心地创作一部名为《西藏病历》的长诗。我嗅到某种病菌的气味，进而用语言文字如愿地表达自己的激情和病态的呢喃。也就在这个秋天，卓的逃跑使情节变得更为诡秘、神圣而绝望。

卓是一个好女子，生在西藏，长在西藏，阳光使她的肤色泛着沉静的光泽。在我识别出她之前，她正在一种内心极其封闭的状态下游离于人群之中，体内包含着伤痛、漠然和警惕。忽然有一天，门被谁轻轻推开，一束微弱的光渐渐射进来，照亮了桌上一些洁净的器皿和卓的半边脸庞。此时，虽然人多话杂，但我内心泛起了一片安静而寂寞的风暴。我轻轻看着她，从此以后，我对她，对那部《西藏病历》的长度，都是轻轻的，只怕激烈的脚步和某种声响破坏了两颗同样孤苦的心相遇的机缘和美丽的时光。卓成为《西藏病历》中患病的主人公，她在我运行的笔下和无限的想象中进入另外一种生活。她充满自由和期望，满目忧伤又安然入定，走过沙地和一些带刺的植物；她吞下雪水，并为父亲准备好美味的茶；她穿过我的心脏，留下急切的脚印，完成了我的诗歌，而粉碎了所有的文字……

我病卧了几天，全身剧痛，骨骼似乎在裂变中还原到最初的质地和本色。在高烧的迷幻中，卓的形容成为《病历》中女主人公的化身，时而隐伏在记忆中，时而飘零在未来的时空里。我清楚自己正在经历着生命中未曾有过的身心体验，它是某种必需的过渡和前定的印证。疾病、黄色的枝叶、卓那隐晦的笑在这样的秋日显现出一行行“病历”，构成了1998年属于我的秋天……

在逐渐深重的色彩变化中，清晨的凉风和自来水的声音为我提供了一种暗示：卓正在秘密地消失，正在远离我，正在努力从《病历》中抹去一切情节。似乎是在一种被压制、胁迫、操纵的过程中，卓比我更真切、更彻骨地感到四周无形的手是何等抽象而恐怖。她能做些什么？她还能做些什么？然而，我依旧能捕捉到她，在细密的拉萨夜雨中看见落在山顶的纯洁白雪，把一束束祝福的光折射到女儿的床柢，穿过女儿的梦呓，穿过一段令人终生不能淡忘的好日子。那么，我能做些什么？看拉萨河水缓缓流去，看自己须发覆面，看最爱的人留下背影，合上 本刚刚打开的书。

有时，神为了考验你，恰恰会拿走你最心爱的东西。卓说这句话的时候，我清清楚楚看见了《病历》中女主人公收下了世上所有的伤口。

2009.11.25
913房间

直孔梯寺猴年大法会

拉萨河是一条倒淌河，自西向东，最后汇入雅鲁藏布江。沿拉萨吉曲河逆流而上，在上游的秀绒河畔，西藏自治区墨竹工卡县境内，坐落着一座千年古刹，藏传佛教的圣迹道场——著名的直孔梯寺。2004年，藏历木猴年，这里迎来了每十二年一次、六十年一个饶迴的“直孔猴年颇瓦大法会”。平时幽静的直孔沟再一次热闹起来。

法会是佛教僧侣特殊的聚会活动，从佛祖释迦牟尼在王舍城受听经法，就形成了这样独特的宗教活动。法会，就是聚众传播正觉正悟的思想和方法。

法会的类型和内容十分丰富，祈祷祝愿、纪念上师、会试辩经、民间宗教节日的庆贺等等。抗日战争时期，位于青海省的塔尔寺，汇集了广大僧众，为早日取得胜利举行过胜敌祈愿大法会，所以，法会在僧侣和信徒的生活中具有很重要的意义。

最具盛名的“直孔猴年颇瓦大法会”的来历大致如下：

1179年，一位来自四川藏区的僧人仁钦贝千里迢迢来到直孔，被这里山水呈现的瑞相深深吸引。他谦恭地接收了一座简陋的小庙，以他的和心力和法力，竖立起了直孔梯寺第一道厚实庄严的红墙，从此，直孔噶举派的桑烟飘荡而起，兴盛发展起来。

仁钦贝的法像一直受到信徒的供奉和膜拜。他自小跟父亲学习大威德金刚法，后前往西藏参拜帕珠·多吉杰布，学习噶举派教法。他曾身患麻风病，后通过修炼密法治好了自己的病，而且治愈了很多麻风病患者。而他的祖母，就是直贡噶举派的护法神。

西藏佛教各个教派都非常重视对护法神的供养。在体系庞大的西藏护法神中，直贡噶举派的祖母护法神闻名遐迩。这位护法神并非一般的世间神，而是金刚空行母，为了护持佛法专门来到人世间。她出生在西藏卫地，后为佛教远嫁到康区，因为她是直贡噶举的创始人仁钦贝的祖母，因此被称为祖母护法神，藏文译作“阿其”，本名曲吉卓玛（佛法之度母）。在藏传佛教格鲁派的寺院中也供有此护法神。

由于直孔地区处在康藏通要口，农牧杂处，人口稠密，经济发达。由于有利的地理位置以及直孔·仁钦贝本人严格持守戒律、修行有成等人格魅力的吸引，直孔派在创建后得到了迅速的发展。根据史料记载，寺庙建成不久的一次法会上聚集了十万余僧人，最多的时候竟达十八万人，这种现象是空前绝后的。岩洞、石板屋、帐篷都可以作为僧侣的居处，法会结束后再前往各地去修行。

慢慢地，直孔梯寺周围散布着杨日噶尔、德仲、宗萨尔等众多寺院，从而形成了一个宗教中心，且一直向其他圣地派遣僧人，并开创了马年转冈底斯山、猴年转杂日山等活动，在阿里、后藏、工布、康区以及云南丽江等地都有许多属寺。

当时，元朝在西藏设立十三万户府，直孔政务官获得了万户长的封号，而且有宣慰使的头衔，这是元宣政院地方职官品级最高的头衔。

作为藏传佛教噶举派的一个支派，直孔噶举派创建了猴年法会、蛇年法会、猪年法会、虎年法会等。虎年法会逐渐失传，其他三个法会延续至今，而最著名和具有殊胜法力的就是“猴年直孔颇瓦法大灌顶法会”。从藏历六月八日举行到十五日，期间以讲经说法为主要活动，传授以“颇瓦”法大灌项为主的各类灌项。除了直孔派僧众外，还有来自藏传佛教各大教派的僧侣以及各地藏区群众，人们相聚在美丽的直孔山谷。一个神圣的法会，同样洋溢着世俗的情愫和快乐，这也许就是佛的本意吧！

2004年的7月，拉萨的雨季到了，我们期望已久的法会也就要开始了。按照直孔·阿贡活佛（次仁平措）的安排，我们提前一天从拉萨出发，由于到直孔参加法会的人非常多，短短八十公里的路途走了四个多小时。一进入秀美静谧的直孔山谷，便可见清凉的雨气和徜徉的祥云包裹着一个异样的世界，车、人、马匹、小羊子显得那么虚幻，紧贴着大山的直孔梯寺静默地注视着脚下幸福而又拥挤的人群。我们穿越过长长的山路，将帐篷搭在离法会不远的一个院落里，那是阿贡活佛安排的，他好看而又保暖的帐篷就在我们的上方。青草和大地的芳香让我们的小帐篷像神灵手中的襁褓一样，温馨、安然、怀旧。几乎没有停止的雨滴向我们转述来自天上的声音，那是九天的甘露才有的声音。

所有的手机在这里都没信号，没有任何现代的声响打断我们的心绪和言语，大家围坐在大大的帐篷里，聆听雨声和远处的狗叫声，共同享受着海拔4300米的幸福和一丝丝微妙的感伤……

阿贡活佛是一位非常受人尊敬的化身，其前世是西藏著名的禅定法王，一位伟大的大成就者。而今天，阿贡活佛则说自己是一个俗人，一个普通人，他为这次法会忙碌不已直到天黑，才缓缓走进小院。他看上去有些疲倦，我们和许多群众都静静等待着他，他犀利而又宽容的眼神在迷蒙的夜色中轻轻划过我们的额头……

在我们虔诚的聆听中，深奥、神秘、神奇的佛法被在我们以自己的方式理解，像泉水一样浅显明了：

“颇瓦法”与生命有关，与死亡有关，藏传佛教各个教派中都有这种法门。“颇瓦”是藏文音，意为“迁移”，是灵魂的迁识、转识、往生。藏传佛教认为，一般有善德善行的人，灵魂从双眼、双鼻、双耳和单口走，就是我们所说的七窍，而罪孽深重的人从肛部和阴部走，那么，得到过“颇瓦法”并修持的人，则从天灵盖中间走，因为，他的“窍门”已经打开，这就是成语“灵魂出窍”的由来。

我们把深奥的理论简化一下：

“颇瓦法”大致有两层意思，一是属于藏传佛教密教无上瑜伽部的甚深密法，得到灌顶并精进修持者，临终时自己可以使心识随自己意愿转生。二是修行有成就的人从佛教的大慈大悲的善念为源，运用法力，超度死者，根据法力大小，可以近距离施法，也可以远距离施法。

虽然“颇瓦法”是方便之道，是不需入定而能成佛的捷径，但修行前必须接受灌顶，因为第一，它是本尊法，其本尊神是金刚亥母。没有接受灌顶，就没有权力和能力修行；第二，如果他人给亡者使用“颇瓦法”进行超度，施法者必须有一定的修持功力，否则毫无意义。

在迷幻沉醉的夜晚，大家睡去了，我们二十多个人，十多个帐篷，就像彩色的小蘑菇，安静地贴着大地母亲，小心地接近着佛法。

雨依旧轻轻地打在帐篷上……

雄浑悠扬的法号唤醒了我们……

谁都没有想到，今天“我们”这个概念是四十多万人，这就是我们的相聚。这是我有生以来第一次对“我们”一词的全新认识。我忽然间知道了很多“我们”。

第一天的法会内容是向巨幅唐卡礼拜，敬献哈达。那巨幅唐卡上慈祥的佛就是直孔梯寺的创始人，伟大的尊者——直孔·仁钦贝。

多少年没有过这样的拥挤和这样自觉的秩序经历了，几十万人井然有序地排着队，依次向唐卡顶礼，抛献哈达，再从一个小门里出来。雨季的阳光透过薄云，带着雨水，洒在我们身上。

我们的夜晚又降临了，酒、肉、歌声、欢笑、帐篷漏下的水滴带来的尖叫，我们这些俗人的快乐是否也是佛祖祈愿的快乐？还有那沉默的片刻……

第三天，是正式的“直孔颇瓦大法”的灌顶仪式。天还没亮，四十多万就涌向离我们住处前方山谷四五公里的草滩。路途中，至少要跳过二十多条泛溢着浪花冰冷彻骨的河水。有多少灿烂的裙袍被打湿，挥洒着水珠到达法会那片湿漉的草地，在一辆白色的越野车上，至尊的法王合掌微笑到来……汽车周围是辛苦的警察，无数的哈达几乎挡住了司机的玻璃，法王的汽车在草地上留下了一道车辙，随后是人们大步的脚印。佛说过：“请看着那些痕迹，然后跟我来……”

当人群安然坐定，法王的声音开始传播开来……

雨越下越大，打湿了法王的脸庞、法衣、法座、头顶杏黄色的法冠，当然，还有所有人的衣衫。人们取下首饰，摘掉帽子，全体安静聆听，安静地入定，安静地让雨水合着法王奇异的声调一起念颂……

回首，在高处回首，人头簇攒，低首磕拜，无数条哈达传递着，飞舞着，飘扬着，到达法王的法座下。雨水使哈达沉重了许多，像一条凝重的链条，在大地上刻下永远不会消失的痕迹……

时间在缓慢地流动，不像是时间流动的那种形式，而时间到底是怎样流动的呢？我们又从来没有经验，在法王的声音里，你会有那种体验。

“我们念颂，一切的因果，一切的美，一切的善，一切的圆满。”

直孔山谷再次宁静。

回到拉萨，我追溯起以前的一些记忆，在佛教传播的地方，尤其是在汉传佛教的净土宗里，倡导在平时的生活里要念颂阿弥陀佛，当一个人临终时，更注重有德行的人在一旁助念，这样会得到阿弥陀佛的迎接，以便转生极乐世界。

在《洛阳佛教》《宁波佛教》《普陀山佛教》，以及台湾《十方》

等佛教杂志上经常刊登一些佛教徒临终出现转生极乐世界的种种征兆的报道。

一样的转生净土，一样的极乐世界，一样的阿弥陀佛（无量光佛）的世界；同样的佛徒、同样的心数——向往理想之地极乐世界，这就叫“殊途同归”！

无上的佛法，我是这样描绘的：其法之深，深不可测；其法之密，密不透风；其法之高，高不可攀；其法之妙，妙不可言。

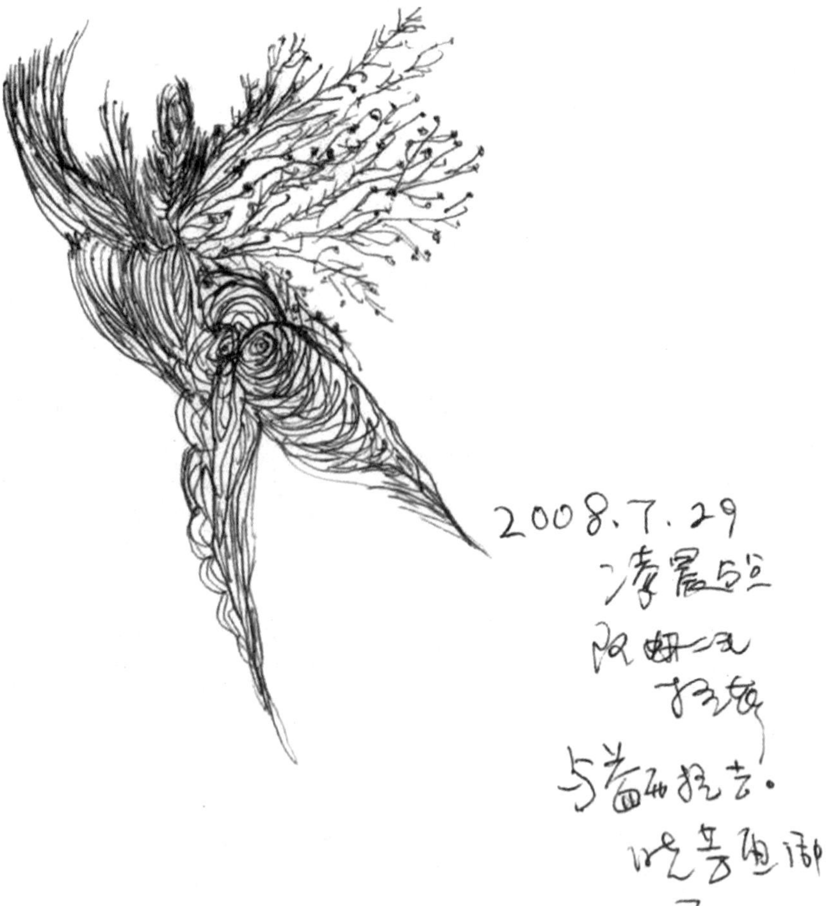
2008.7.29

打开这个画卷，等于打开了一个世界

——有关嘎玛多吉·吾要《无色界》读本的文字

我经常沉醉于这样一个念想中：时光是普遍而均匀地存在，充满在我们所认识到的所有生命和非生命的轮回中。而我却非常强烈和明显地觉得：时光，对于生活在地球第三极的藏人，似乎要比其他地域和其他种族缓慢得多，甚至是特别缓慢，一种很难描述、很难理解的缓慢。在这种缓慢中，一个在高处生活的民族诞生了糅合海洋、游牧、农耕、山地、河谷、森林、荒漠、城市、宗教、精神、心灵等的奇异文明，这个文明在四五千年的历史长河中保持了几乎原始的状态，原始的活态，平行式地展现在21世纪的手掌上。

我们感激，感恩；同时，我们也很尴尬，尴尬地发现：今天，藏族缺少适应当代的心灵读本。

在诸多拙劣的描述中，我们的表达方式大都趋于媚态，我们不再缓慢，似乎非常着迷于速度。在一种盲目而且危险的速度中，我们可以在三个哈欠中完成祖辈们需要三年甚至更长时间才能造就的一幅唐卡。人们甚至真的开始怀疑：我们真的很落后？我们不识字，但每天赞颂太阳和生命，祈祷众生平安的奶奶，她的规劝已经过时了吗？

新一代的藏族知识分子、一个真正的僧侣，乃至一个在风雪中寻找失散羊子的牧人，他们的迷茫和惆怅有非常相似的时代特质，在传承所面临的挑战下会说出同样的话语。他们不知道为什么青藏高原的雪越来越少，天越来越热，而草越来越少，他们的文字和牛羊一样会出现奇怪的坏脾气，而他们自己的性情也会莫名其妙的失控。

电脑因没有电而不能打开，牛羊因从前的河流消失而无法哺育。

于是，这样的机缘自然酿造出一个气场：我们已经这样感受到：它们在特定的一个时刻汇合在一起，那是一种新的能量的聚合，而这个能量最大的加持力是，它会突然以一种极快的速度，控制住我们疯狂的前行，并以一个智者的口吻告诉我们：孩子，停下来，先回归自己的心中，再看清道路，然后出发吧！记住，一定要慢慢地，别错过路上美丽的风景，别因为着急而忘记那美妙的歌谣……

那是一种古老的激情和现代的冲动融和后出现的生命体验。它非常本真，具有适度的愉悦，带着几分羞涩，不惧怕，不伪善，也不妄言，执着但不沉迷；在内敛中散发惬意的疲惫，爱，但不矫情，恨，从来不实践；偶尔地发泄包含着罕世的才情……它把水在每天清晨泼洒三次，那是空明中的神需要它的记忆……

那到底是一种什么样的生命体验呢？

幸运的是，我们接触到了吾要的画。

一种自我的话语方式吸引了我们。

我们很少，不是很少，我们几乎没有看到过，一个藏族绘画者这样的方式。西藏，或说整个藏区并不缺少画家，而更多的绘画者在某种意义上只是一个临摹者。吾要，在他的绘画语言上无疑开辟了一种新的话语方式。我不能确认他的前卫，但他的胆略和勇气让我们惊诧地发现：我的语言是这样的。

那些绘画语言丰富、聪慧、诡秘的表达，是在一个多维的空间中展现的。而我们常识中的认知方法、理解方式、接受程度，在阅读这些绘画时需要一种新的状态，或说是在一种非常自愿的情形下纠正了我们以往的态度。于是，我们同时也拥有了自己的话语方式，这不是盲目跟踪般的警觉，而是完全的放松。虽然，吾要的绘画语言非常紧密，每一个细部都让人几乎透不过气来，但是，心胸中涤荡的气流告诉神经末梢，我们正在体验一个灵魂的呼吸和游走。

创新一种异样的话语方式无疑是冒险的，就像拳击手试图改变自己的拳击套路，颜色、线条、古老的符号、崭新的勾画，是吾要得到的某种感召或启迪吗？每一个细小的部分都可以被无限制地扩展、放大、生长，这是吾要话语凝练之后的浓缩，同时，拥有了非常巨大的能量。

吾要采集了众多的“能量气场”，而成为他的绘画本质。他强调的不是别的，就是他在入定中感应到的能量、磁场，或者光，或者温度。

我们知道，能量在转换中要么增强，要么减弱，极少会完全保存下来。当某种能量转换成吾要笔下的“磁场”时，丧失和增强同时形成“反应堆”，接近于一场厮杀，一场许多元素遭遇、碰撞、背离、亲和的原始状态，最后平静下来，这些新的能量似乎凝固了，变成了吾要的子民。然而，吾要要做的绝非这么简单，或者他没有这样的自恋情节。他要做的是，把这些能量再次、无数次、无休止地转换。那么，这些未来能量的接受主体是什么样的形态？我们可以理解为一个小圆镜的折射和一个太阳能接收器的变换。这些我们都可以理解，就是我们接受的时辰和次第，我们是否有很好的福报。因为能量是转瞬变化的，而我们过于愚顽或是太多知识和学识让我们有时显得更加迟钝。

藏民族一个讲究传承，热爱传承，甚至依恋、依赖传承的民族。

先祖留下的文化封闭却不僵硬，繁杂而不混乱，令人目眩但心中有数。

面对吾要的绘画，我们自然会去找寻他的传承。那么，这个传承是已经形成，还是正在形成，或者，刚刚开始？

这是一个立体的认读过程，就像一块钢板变成一把刀子的过程，是炉火锤炼、手、榔头、水淬的立体过程。吾要绘画风格的界定似乎沿袭了从前传承的痕迹、符号，凝固了千年的文化象征图腾，而在他的才情和澎湃中诞生了自我的传承，让我们陌生又熟悉，亲近又敬畏。那么，这个传承来自于哪里？是那个青海玉树，康区的小村落？还是后来游走的北京？这种生活环境的线条变化是最早的传承痕迹，而最让我们好奇的是吾要的心灵密码，不必去解读，但一定要去探知这个传承的线索。我们不能块状地去区别，而要首先接受这传承，它的生命需要我们的供养和丰富。也许，吾要的绘画传承太意外，太内敛，又具备了巨大的张力，我们还没有准备好接受这样到来的新的领域、新的心态，但是，我们相信，我们的成熟会得到许多传承的滋养，佑护，加持。因为，吾要的画给了我们这样的信心。

那么，我们能以一种什么样的状态进入吾要的绘画？我觉得是真诚的心、兄弟般的理解，并且为他祈福。

久远的时光会刻下这样的姿颜。我们的生命体验，正由吾要为我们完成，而且，他容许我们一起参与，来完成我们这样的共同的体验……

这是我们的福报！

那么，让我们一起出发吧！

缓慢地……

假寐与迷糊，还有焦灼
——对藏族流行音乐的闲言碎语

现在，几乎不敢去出售藏族流行音乐的店铺了。这样店铺本来就少，拉萨最多，西宁也不少，云南的香格里拉、丽江还有大理都有几家，大多散落在旅游街道的商铺里，混杂在许多CD和VCD中间。单从碟片装帧上看，几乎是清一色的人头像，戴着夸张的各种本地服饰特色的帽子，帽子下的脸庞也流露着同样的表情：深沉而缺少底蕴，端庄而缺少灵气，质朴而缺少个性。

从音乐碟片的包装角度看，几乎谈不上有什么设计感，更上升不到理念和创意。不过是拿几张过得去的照片，在打字复印社的电脑上稍微修一下，加点花边，做几朵云彩P上，贴几头比例失调的牦牛吃草的图片，再冠上“牧歌王子”“情歌仙女”“草原骄子”等称号，后缀上“来自××××祝福，扎西德勒”之类的吉利话，就可以套个版号，发出去了。我记得有一张碟片让我大吃一惊：从策划、音乐总监、制作、设计、发行热线居然是一个人。想来，这是一个极其热爱音乐又还没有任何准备和水准来担当这么多职能的年轻人，除了佩服他的勇气和胆略，我实在欠奉更多赞扬。他有错吗？显然没有，而且，他让我们许多所谓的专业音乐家、作曲家、词作者感到汗颜。这个信息强烈表达出一种情绪，甚至是一种愤懑——“我自己也可以”“我绝对行”。这是某种具有代表性的挑战，对失去创作激情、远离土地、隔离民众、自我慰藉的所谓藏族音乐创作者的蔑视与挑战，尽管这样的碟片会很安静地靠在简陋的木架上，蒙上灰尘，无人问津，但它的出现绝非偶然。这样的碟片是短命的，但那些声音是不会轻易消失的。

缺乏一个创作的集体、一个核心、一个涣散但极具凝聚力的团队、一个不频繁但很有效的交流渠道和平台，大家各居一方，很少会面，见面时也多是酒肉，这是非常令人遗憾的。

每个稍微有些作品问世并具有一定传唱度的词曲作者，会经常收到来自藏族歌手的邀约，或是希望他们能为自己创作一些作品，或是正筹备新专辑需要收歌，要么是某个热衷旅游开发的政府机构要打造一首颇具流行潜质的“形象歌”，邀请这些创作者来编写。各种词曲就这样辗转着，然后这些风格、形式、曲式完全不一致或不相干的作品阴差阳错地汇聚在同一张碟片中，令热爱和关心藏族音乐的听友常常摸不着头脑，并附上一声叹息：原本有那么多美好的民间音乐元素、独特的表达形式、绝版的艺术风格，却没有如愿地出现。我们的词曲作者正在错过一个很好的时机，在一个尚能倾听来自“少数民族”“边缘地带”“天籁妙音”的时代，总还有些让人欣慰的耳朵和渴求的心灵。这是我们的福报，我们的机缘。我们要对得起“音乐”这两个神圣的字眼。或许，我们无法完全靠这两个字为生，可既然选择“音乐人”或“音乐工作者”的身份，就要对得起职业的操守。十几年前，那些几乎是“杀”出来的作品，真正震撼了中国流行乐坛，而在亚东苍凉的声音逐渐消隐的今天，我们很少，甚至已经听不到那源自肺腑、来自心脏和呼吸的声音了。苍白的纸上泛起只是一些缺少血气和胆量的辞藻，陈旧和迂腐的旋律让我们疲惫，而外部利用藏族元素制作的藏乐正在参加一个准专业的音乐奖项，歌词里的“呀啦嗦”被巧妙地更换成了“嗳嘛哄”（三字明咒）。

还有我们天真的歌手们，他们的执着远远超过一个公务员对办公室的热爱和真诚。他们年轻，有力量，寻找机会，相互暗暗比拼。但很少有人能认出他们来，他们太“少数”了，或是太“多数”了。他们的思路会飞回自己喜爱的草原、山冈和弥漫着牛粪味的村庄。他们拒绝被同化、被异化、被混淆、被格式掉、被面具化，可是，他们无力抗拒，无力抵制，无力还击，因为，他们选择的生活方式和职业类型决定了自己的今天，包括完全可以预料的明天、后天、大后天，以致很远的将来。他们的出道总带有一些传奇色彩和耐人寻味的巧合，却没有过多思考过艺术之路的坎坷、辛劳、艰难。再也没有太多可以沾沾自喜的演出了，有的只是不停的重复，重复的表演，重复的那几首歌，重复的“扎西德勒”。然而，在他们身后，很大的一群正跟随而来，脸蛋上闪烁的兴奋和梦想刺激下的红晕是那么熟悉，可是，他们几乎没有时间和机会和这些“后来者”推心置腹的谈心，说说自己的苦闷、自己的尴尬、自己的无奈，还有面对冷漠时不能丢失的激情和任何情况下的洁身自爱……

演出的舞台已经拆除，话筒架、塑料花和大而笨拙的音响正在被搬运走。我们的歌手就要道别了，风中站着喜爱他们的群众和中学生，还有一些年老的人，好像昨晚的那场演出只是一场梦。人们不知道，我们的歌手走了多久，才能站到这个舞台，为他们献上他们耳熟的歌曲。这里是他们最爱的地方，这里有他们最渴求、最真实的观众，那些真正爱他们的声音和形象、装束的人们。他们再也没有这样让人放心和眷恋的场地了。外面的世界更多需要的是，市场。

市场，我们的市场在哪里？我们有市场吗？

为了市场，一个艺人需要一个签约公司。换言之，有一大堆人在为一个艺人服务，服务的目的就是市场，市场的目的就是利润，利润的用途就是皆大欢喜。分配永远不会平等，所以，做一个歌者、一个艺人、一个市场中的人，就要深谙这一道理，践行这一规矩，墨守其中奥妙。我们藏族的歌手有的是市场前景，却没有占领过什么市场，为什么？是市场的原因，还是自身？我们没有一个拥有资金、平台、媒介和广泛人脉的机制和一批研究、寻找、打拼市场的人，最后失去了自己的话语权。进入市场就意味着冒险，资金的风险、团队的不稳定性、各自诉求的不同等等，都大大影响制约了藏族歌手走向市场。那些爱莫能助的好心的音乐推广人、包装公司、唱片机构都放弃了，谁也没有办法，因为大家面对的是——市场。

在此，呼唤你们，更加勇敢的音乐人、歌手，还有那些亟须的专业人员，藏族的音乐，尤其是流行音乐需要再度崛起、再度轰响。请你们再勇敢一点，稍微勇敢一点，先打碎那些媚俗和肤浅的山水情歌，放过那些本来就美丽的姑娘，还给她们安静的时光，别再让她们有事没事就路过你的身旁，她们走过的地方自有她们的歌谣；还有，除了卓玛这样的人物，藏族还有许多哲人、藏医学家、唐卡大师、修行者、文学家、思想家、建筑师、天文历算学家，当然，还有更多暗怀天人合一的奇妙之音的沉默者……

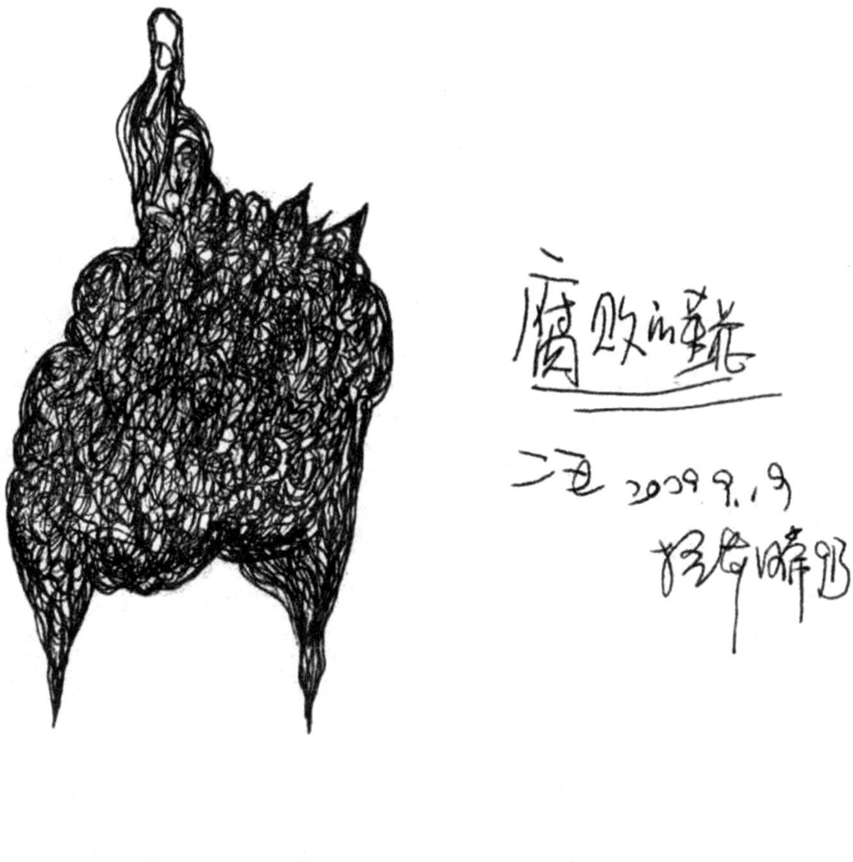

2009.9.19

算了吧！我什么也不写，我只是书写……
——记与艺术家高波的对话录

时间：2016年3月23日

地点：成都市锦江区

高波 & 二毛

一

二毛：第一次去藏区是在哪一年？

高波：1985年。当时，我其实去的是甘肃和青海。从兰州先到了拉卜楞寺，到夏河，再到碌曲、玛曲……回来又从临夏到同仁，然后又到玉树，后来又去了西宁的塔尔寺。那是你的家乡。

二毛：就是，那时候，我19岁。你当时走进藏区，有没有一点猜测、预想，或者悲壮的准备？还是一下子就端起照相机开始了，一个没有仪式的开端？那时有摄影基础吗？您可是在1986年就作为大学生得到一个全国性的摄影大奖哦！（1986年，全国彩色摄影大赛金奖，奖品是一台哈苏相机）。

高波：摄影是一个借来的借口。当时上的是美术学院，还是在北京，我就特别想去一个遥远的地方，一个不熟悉的地方，还不是简单的采风，想要表现某种异域风情、传统民族文化之类的。假期，我并没有什么想要回家的感觉，总觉得我还在寻找属于我的家，所以一放假就出去。第一次出去还是到大小兴安岭。那时，我喜欢骑马，喜欢打猎，喜欢西部，反正就是典型的男孩子的那种爱好。

去西藏，实际上就是看完维姆・文德斯拍的电影《德州巴黎》后萌生的念头。那种在西部、在路上的感觉和情绪影响下才做出的决定，并不是出于想搞一个什么样的作品的目的。所以，摄影只是一个借口，一个大学生去这么远的地方，总得找点正事干，不能只是瞎溜达，当时连相机都是借来的。可见，我跟摄影的关系一直是若即若离的，从来没有爱过它，没有迷恋过它，但又总是跟它发生关系，一直是这样，而且，这么多年了还是离不开。

另外，像20世纪80年代的艺术青年一样，当时我也喜欢到处看书，看萨特、贝克特、福柯、尼采、加缪。弗洛姆的《为自己的人》

对我影响很大，现在我还有这本书。因为我们生来不是为自己，像我们六十年代生的人，根本没有自己，后来让你为自己，却完全没有章法可循。怎么为自己？自己是什么？根本不知道。后来读完这本书，终于从理论上懂了一点。还有，当时流行的“走向未来”系列丛书。我们都是读着“走向未来”一路走来的，但是未来却越走越模糊。

二毛：总的来说，好像你和当时的“八五”新潮也同属于一个大的精神背景下，只不过可能年龄有些差别。那是一个至今让人羡慕的时代，许多的精英如今虽已步入老龄行列，但是气势还在，凶巴巴的，像你。

高波：是的，我们是在一起的。当时在四川美术学院，张晓刚、何多苓他们读本科，我就读的美术学院附中和他们在一个校园，吃饭都在一起，老师都是共享的，教他们的同时也教我们，就像大班和小班的一样。

二毛：那个年代很有意思，有时候在读书的过程中，那股哲学还没消化清楚，又有点偶像化的趋向。

高波：都是警句、励志片的感觉。那个时候，我们会读德莱赛的《天才》、杰克·伦敦的《马丁·伊登》，都是些个人主义、英雄主义、理想主义和浪漫主义的东西。当然，我觉得那时这种阅读是有意义的。记得当时读《马丁·伊登》，觉得所有的失败都是可以接受的，成功了以后还留下一种方式，就是自杀。实际上这么想是因为我们还害怕得不到成功。

二毛：后来你选择所谓的“盲流”状态，这个种子实际上在那个时候已经种下了吗？

高波：对，当然那个时候还是朦朦胧胧的。包括后来喜欢罗伯特·卡帕这种死在战场上的方式，都还是受个人英雄主义的影响，跟摄影倒没太大关系。其实，我后来真的尝试过，八十年代该经历的，这十年我也都去经历、去体验了，只是没有死掉。

二毛：只不过你有一个特殊的背景是西藏，好像是精神上的一个原点。

高波：是，包括去体验人的自然性，也是在西藏。我们读再多的书，做再多的科研实验，实际上都在远离人的自然性。当然，西藏也有一种特别不自然的一面，我后来越来越感到宗教仪式与宗教本身之间的分裂，世界永远是双重性的，所以又做了《双重性肖像》的系列作品。在80年代，西藏是我人生的一个课堂，对于我人生整体的形成意义重大。而大学，我一直没有看得很重要。那时候在西藏真是太美好了。

二毛：刚刚打开自己，从城市去到西藏，发现自己身上的可能性了吗？

高波：当然。用现在流行的话说，我特别正能量，哪怕在最险恶的时候，我也是特别正能量的。我讲一个在西藏的经历。当然，西藏的经历太多了。有一次，我在拉萨街头，看到一个老人提着酥油茶。那天阳光强烈得能把人烤焦，她要去干什么呢？居然是去给一个露天岗亭执勤的士兵送酥油茶。那都是二十出头的小伙子，身上全湿透了。不知出于什么原因，士兵没有喝，也许是碍于纪律或别的原因。老奶奶就慢慢地倒了酥油茶，端着送给他。我看到这一幕以后，一下子就知道人应该活成这样，纯粹，慈悲。这就是当时萌生的正能量。我们现在多认为正能量是对自己有益的，是有选择的，而不是真正的能量。我还有一个感觉，审美容易，审丑最难，但往往最有价值的东西是从审丑中来的。因为我们所谓的美是符合某一种道德标准的，已经被道德规范所确认的，但恰恰是人类所有的文明史、文明的遗产，都是在挖掘比这些表象更深的东西，因为重复并无意义。

二毛：人去了西藏之后，好像就会变得皮实？

高波：你说的这种皮实是刻意的，是用自己的体验和尝试换来的。我总觉得人应该活得皮实一些。这个皮实从哪来？西藏给了我很多体验的可能性。记得1987年的时候，我第一次去爬珠峰，当时是从老定日出发，还没有柏油路，一般的车都进不去。我去找当地的部队，因为我有《解放军画报》开的一张介绍信，后来，部队就从当地老百姓那组织了一个马帮，租了三匹马，还带着牦牛群。我骑在马上，向导是当地的老百姓，一个二十多岁的藏族小伙子。第一天走了一大半的路，晚上就在外边露营；第二天走了半天，走到绒布寺，快到绒布寺的时候向导就下马了，牵着马走。然后，我就看到他在偷偷地哭。一开始我不理解，为什么要哭？还以为是看见神山感动了。他说，我的马要死了。因为海拔太高，有5000多米，他心疼他的马。我骑在马上，他又不好意思让我下来，就自己下来走。于是我说，我不骑了，我自己走过去，你们在这里等我。我们在绒布寺旁边停下，他就把牦牛和行李都放在那里。我背着双肩包自己走过去，走到当时的1号大本营。当时正好赶上日本国家登山队在那里扎了很多帐篷。我所有的家当都在包里，特别重，走到那里实在背不动了，就在一个坡后边挖了个坑，把背包埋进去，然后就往海拔六千四百米的绒布冰川进发。登到融化的冻土层的时候，看见山上有人抬着睡袋下来，上去一问，原来日本国家登山队的队长摔死了。当时，我心里就开始感到恐惧，因为我是一个人，他们登山队装备给养都很齐全，还遇到这样的意外。在路上我就想，还是撤退算了。后来呢——我还是决定往上爬！

二毛：你最终克服了这种恐惧。

高波：对！我就是用这个故事来说明你刚才的那个问题。当时，突然找到一种快乐的感觉，为什么呢？来西藏那么久从来没有吃过那么好的东西，日本登山队撤退以后，把食品都扔了，全都是进口食品，那个高兴啊！后来，到了冰川融化而成的一条溪流那里，日本队长就是在那里摔死的，失足摔死，是个意外。他们在那里放了许多东西，队长的遗物也摆在那里祭祀。我一生有两样东西不吃，一个是午餐肉，一个是压缩饼干。当时吃了半年多，吃到屎都拉不出来。等这种快乐感过去后，我继续越过溪流往上爬，上到绒布冰川。那时，我还拿了面国旗在那里拍照，看起来好像是登到顶峰8848米的样子，其实也就6400米而已。然后就一个人就在那里号啕大哭。下来以后，我懂了一个道理：人这一生，一定要有那么几次巅峰体验。当然，征服高度是最简单的方式。我在用最简单的方式，也就是用海拔来替代巅峰，这也是一种体验，经历了肉体上的危险，以及心理上的恐惧。打那以后，我突然一下就觉得过了这一关。是不是修行就是这么回事？一关一关地过，也许这个就是修行吧！我不是个出家人，能想到的修行，这就是其中的一部分吧！

二毛：就像你说过的，“敢不敢走得更远，敢不敢去一个更高的地方，敢不敢去信仰？”

高波：是。等我从冰川上下来，在绒布寺找到我的向导，他也特别高兴，如释重负的感觉，回来的路上一路唱着歌。我就觉得人归来的感觉就应该是这样。我们中国人讲在家、出家和回家，回来一定要自在，一定要唱着歌回去。我不知道我的哪一段故事算回家的路，也许，已经开始了；也许，还没有开始。但是呢，唱着歌回家，这是对的。

二毛：这真是一种特别大的快乐。

高波：太快乐了。很多人说我们在西藏很勇敢，很冒险，实际上不是，并没有这种感觉。所以，我们说悲剧是满足作者的幸福感。就这样，我那些年一次一次地往外面边跑。

二

二毛：有意识地开始摄影是什么时候？

高波：1987年就开始有意识了，因为获奖得到一部哈苏相机，虽然很快就把它卖了，盒都没打开，碰都没碰就卖了，卖了18000

元。这么多钱在当时就算是万元户，相当于今天的土豪。卖了以后，我就买了两部二手的宾得相机，很多毛病，拍出来到处跑光，后来整理作品却发现很多跑光的地方反而都是对的。然后，我又去了西藏，待了半年。

二毛：1987年，拍摄自己在西藏的生活是一种什么感觉？

高波：当时已经毕业了，毕业时还显得有点悲壮。作为20世纪80年代的大学毕业生，我把“金饭碗”给扔了，去自我放逐，去做苦行僧，就是这么一种心态。后来到了拉萨，发现那简直是天堂，满大街都是老外，大家都很快乐。彼时，物质很匮乏，但真是自由。我们洗澡都跑到外国专家的宿舍，在宾馆里边蹭澡洗。那真是西藏的美好年代！当时的人也好玩，像写《亮出你的舌苔或空空荡荡的》的马建、马丽华、李新建、罗浩……大家都在一起玩，又都很年轻……大家也不会对我的作品评判什么，只是过着集体的波西米亚式的生活，吃在一起，住在一起，一把挂面都借来借去的。实际上，让我谈论自己的摄影，总觉得自己是一个特别业余的人，至今仍然这么觉得。我看重技术，我对技术还是要求蛮严格的，但对摄影中的条条框框很排斥。那些所谓完美的摄影作品，我在整理的时候都有意地避开了。

二毛：当时能看到的摄影画册应该很少吧？听说你把学校里有

限的几本画册都翻烂了。

高波：是的，当时最喜欢的有韦斯顿、罗伯特·卡帕、尤金·史密斯等，也就这些了。当时，可以接收到的摄影方面的信息太有限了，我们这一代做摄影的，跟现在这些艺术家们比，太寒酸了。他们在开始摄影前，就能接触到那些基础知识，设备也好，我们则需要花十几年的时间才能接触到。

二毛：印象中张晓刚写过，那时四川美术学院图书馆进了一本国外画册，放在玻璃柜里，每天翻一页，他们就去临摹一页。

高波：真的是这样，我们就是跟他们学的。我们那时候有个习惯，这还是他们本科生给我们养成的：看完一部电影回去后，像当时的《老枪》《巴黎圣母院》，有些画面和场景特别美，就画一个小稿，凭记忆默写。因为我们得到的图像太有限了，如果被一个画像触动，我们都想把它记录下来，记录方式就是把它画下来。连台词都会记下来，角色说了什么话都抄写下来。那些电影台词现在还能记住，那些语言太美了，尤其再加上当时精彩的配音，像《简·爱》《卡桑德拉大桥》这些。当时能看到的外国电影也很有限。我们这一代人花了许多时间去做一些基础性的工作。

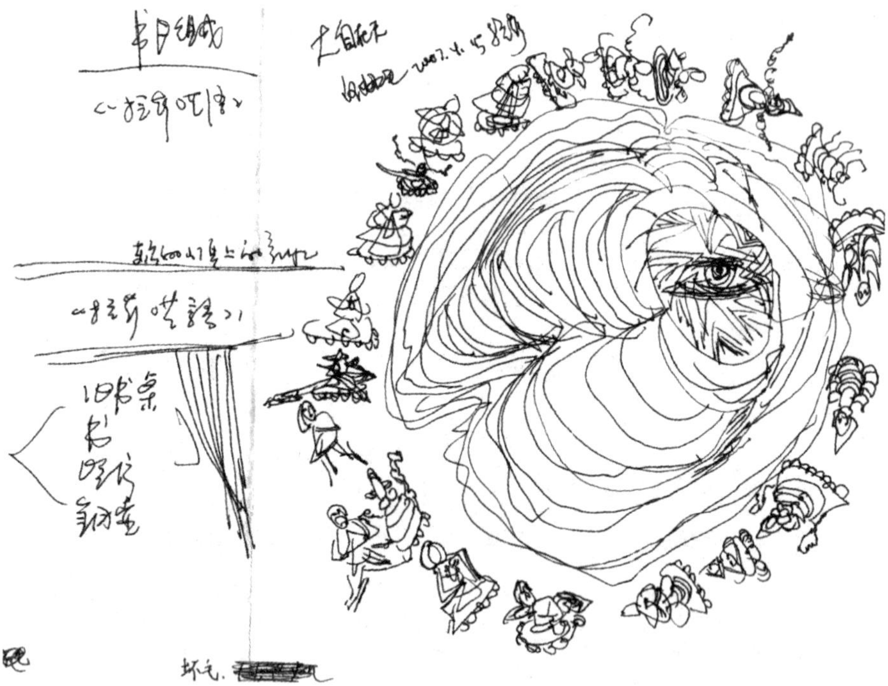

二毛：90年代许多艺术家出国后，由于个人境遇和眼界的变化，经历了一种艺术上的幻灭感。

高波：因为他们要彻底否定自己。否定自己是最痛苦的事情。我们最看重的是自己得到的东西，得到这些已经非常艰难了，还要把它否定掉，那么，还剩什么？前方的路在哪呢？根本不知道。所以我说我们这一代能继续搞艺术的人，要么是傻子，要么就是最顽强的人。为什么说最顽强？你要花那么长的时间先去了解ABC级别的东西，我自认为我就属于“傻子+顽强”型的。

二毛：对80年代自己拍的这些东西，你也会有这种否定吗？

高波：我曾经有段时间是将它们简单地否定了。否定的方式是这样的：这是一个美院的学生，从一个绘画的原理出发，带着采风式的眼光，拍了很多年，那些东西非常幼稚，朴素加幼稚。像现在做影像的人，一上手就跟全球同步，那种趣味、材料、表现都是同步的。但过了几年再看，我的看法就改变了。换一种角度再看，就觉得里边还是有一种不可取代的东西。比如现在的同步，往往意味着同质化，趣味统一；还有一个角度，我当时是用胶片、用幻灯去认真地拍每一幅照片，心疼啊，每摁一下快门，哪有什么快感可言，心里就只想：又少了一张！而现在拍照不断按动快门时只会想：又多了一张！当时看不到效果，不知道会带来什么。在旅行中，你的胶片一点点减少，每摁一次都在减少。这样的东西是不可替换的。所以，我今天再看的时候，觉得不能简单否定这段时期的作品，但怎么肯定它，还需要时间。可能有一天，我会把这段时期的作品重新整理，希望我去选择它和呈现它的方式都能够保留八十年代特有的感觉。

另外，对于这些作品也有一次来自外界的肯定。一次偶然的机会，一位1995年出生的学摄影的学生到我工作室，突然想看看我以前的作品，具体说了什么我忘了，但看得出他对每一张照片都发自内心地喜欢，这种表现反过来又打动了我。我在想，它有一种没办复制和替代的美感——时间产生了美。

二毛：不是时代感吗？

高波：不是，更不是主题。

三

二毛：这个作品完成于2009年。最有意思的是，你创作的地点选在藏传佛教里非常有学问和威望的一位大经师的私宅，后来改成藏餐厅和宾馆。这座宅子的藏语名字意思就是“大经师的天宫”，非常有意思。

高波：这个选择也是偶然的。当时在西藏，我有一位干爹是德穆活佛定的儿子，他是西藏第一位活佛摄影家，出身于林芝历史上最大的一个家族。以前我去的时候都住他们家。他们住在八角街，后来搬到新家，我还是觉得住在老城舒服，离老百姓的生活近一些，于是就还住老城。所以，这些作品都是特别日常化的。我不是故意去找西藏的典型视角、典型特征，这也跟我当时的生活方式有很大关系，因为那些所谓的典型西藏元素对我已经不新鲜了；相反，变成每天参与进去的日常生活，包括跟他们学藏语，吃住都在一起。

我在想，这些东西是不是都是一种缘分或感应？以后，我去西藏时只想住在那里。当时我走的时候，这些藏族小孩、男女服务员们都流泪了，彼此已经有感情了。实际上，我们并没有太多交流。他们每天看着我在那里为创作忙忙碌碌，不同的朋友来来去去，他们汉语又不熟。所以，当他们表现出的这种感情时，对我的触动特别大。

二毛：这组作品开始的环境，或者说道场特别重要。你想想，这样一个上千年的房子，而且是最传统的藏式房屋——你住的应该还是管家的房间，出来是一个阳台，能俯瞰整个院子。当时，照片已经选好了吧？

高波：是的。已经选好了，从北京背过去，很重。我不知道这算是几度创作了，拍摄应该是一度创作，冲洗和挑选是二度创作，去西藏就要进行第三度创作了。实际上，最早我特别希望照片在哪拍，就进入那个环境来做。但实现起来要花太多时间，阿里、夏河、甘肃、青海、拉卜楞寺……要跑的范围太广了，所以就只能锁定拉萨。还有一部分是在楚布寺做的。可能有人会问，在工作室做与在西藏做，有什么区别？我想，如果在工作室做的话，我是在用艺术原理来做这个作品，但到了西藏后，艺术的原理已经退后了。我不太好用语言表达，但我知道它的首要性质已不是艺术性了，而且还不只是一个气场的问题。在北京工作室做这个作品，我可能会调动所有视觉和美学的元素，而到了那里，更多的是调动自己的身体和情感，而且作者的身份也改变了，不只是我的作品，还有格列喇嘛，身边的藏族朋友，男男女女、老老少少都有。所谓的作者身份改变了，我变成了一个参与者。在西藏可能成为其中的一员，还会有许多不可控性，包括身体的状态，会有高原反应，用力过猛时会累、会喘气，而且在那里还有一种不同的心情，很复杂。

二毛：从宗教上来说，这是一种现行吧？因为高原上血液里的含氧量很低，你选择用自己身上流的血，以类似文字的形式来创作。

高波：如果我把它说得诗化一些，应该叫“灵语”。

二毛：梦呓状态下的一些灵语。所以，能在作品的边缘渗透、沁入。当时，我隔不久都会去看看你，看看作品进行到什么程度，也担心你会因为要抽血而有危险。而参与你这组作品创作的格列喇嘛也是一个很有灵性的小伙子。他从小在楚布寺长大，对藏传佛教的仪轨研究很深。除了需要他在你的作品上进行二度创作，进行书写，你还有没有就你的作品跟他交流过？

高波：我从来没问过他对我作品的看法，没有语言上的交流，但我想他已经远远超越了接受的程度。作为一个作品的参与者，他有自己的看法，而不是被动地接受。我特别感谢格列，现在来看，他就是我那个时候的“羊”，就是这个作品的“羊”，扮演的就是东京画廊展览第四章节里的那只羊的角色。没有“羊”，我可能很难保持很好的状态。因为创作这组作品除了需要足量的血，还需要体力，需要持续的状态。有了这只“羊”，这种状态就留住了。我觉得我发现了一个很有用的东西，它是一种能量源，给了我一种持续想创作、想释放，甚至想表演的状态。艺术家不能离开这种想表演的状态，这是视觉艺术里很重要的一部分。实际上，我们男人更多的是借助女人，借助性，来唤醒和保持一种冲动的状态。但我发现，还真的是有别的方式。

二毛：这次在西藏的创作持续了多久？好像陆陆续续几个月？当时感觉你有些产后的症状……疲倦而幸福。

高波：大概两个月。是的，“孩子”生下来了，幸运的是，他没有夭折。

二毛：后来又是怎么开始重新整理这些作品的？

高波：1985年到1995年的这些作品已经过去了那么长的时间，如果把这一阶段的作品做成一本摄影集，对我来说毫无兴趣。但拍了那么多胶卷，放在那里都快发霉了，扔了又不舍得，我就在想怎样去处理这些作品。2009年以后，我把主营建筑设计的公司给停了，一时不知道从哪开始，索性就开始整理这些作品。整理的过程中，很自然地，发现西藏这些底片是我整个底片册里占比很大的一部分。我总觉得我欠西藏的，总想着怎么去回报。西藏对我来说，是我人生哲学的一个训练场、试验场和发生地，甚至说，我的终点也想选择在那里。我意识到，每一次当我决定要发生一点改变的时候，就会去西藏。这次又一下冒出来这种念头，还是应该回去。回到那里干什么？不清楚。

二毛：好像要不断地返回那个原点，去寻找一种力量。

高波：没错。于是，我就把这些作品拿出来，在看的过程中就渐渐有了一种感觉，这种感觉跟以前那种以摄影为出发点的完全不一样，是一种情感的表达。我总觉得我应该回去，不是去那里索取，之前都是出于“去捕捉”“去表现”这样的动机。这次我就想，不对，我应该带回一些什么东西，然后就想怎么创作的事情。当然，作为做视觉艺术的，我会考虑用哪种表现形式的问题，技术层面的、审美层面的、思想层面的，等等。尔后就想到底什么是东西维系着我和西藏。想来想去，当然，我们可以用墨水来书写，用颜料来绘画，不管是矿物的、植物的。后来，我就想到以前的一次谈话。有人告诉我，西藏过去有一位修行者，他在闭关洞里修行，突然有一天开悟了。由于当时没有其他书写工具，他就用血来记载自己的体悟。我已经忘了是谁告诉我的，但隐隐约约记得这个故事。我也期待自己得到一次这样的一种觉悟。

二毛：这个故事应该没有太明确的记载，可能只是一个传说。这在宗教上像是一种献祭，但是你采用的是一种艺术家类宗教式的行为。这也让我想到尼泊尔人用于血祭的宰牲节，以及糌粑中的红糖，等于是完成了一次高波关于西藏的原始祭祀，用自己的作品进行一次祭祀，把自己的作品进行一次特殊的“二次粉碎”。

高波：对。后来我越来越发现，每次要启动一个作品，或一种创作行为的时候，我需要一种仪式感。献祭其实就是一种仪式。我就想到用自己的血，我管它叫“真实材料”。因为我们一谈到血，总是会显得很悲壮，很情绪化，甚至带有某种明显的宣言性、观念性。实际上，这是个人化的，是自己对自己的一种回答。其实，就是玩真的嘛！什么才是真的呢？用我自己的血、我自己的身体作为创作材料，这就是最真实的材料。一谈到血，很容易会产生一些不一样的理解，但我觉得这些理解都是被允许的，也都是成立的。如果让我从自己的初衷来谈这些作品，我觉得就是这样。

二毛：真实的材料，这个概念很有意思。

高波：对啊！我可能表达得不够准确，但我的材料是真的。比如我们开玩笑说，一个人的项链虽然难看，但至少是纯金的。总之，它并不是一个特别明确的东西，之前隐隐约约在记忆里就有这么一个故事在。

二毛：这好像刺激了你内在的一种需要。

高波：是的。我能做的就是尽量把自己最正式的东西带回去。比如说，二毛你是个诗人，是个作家，可以写特别美的诗句，用具体的文字，不管藏语还是汉语。对于我来说，我要写的东西已经可以看见了，再写也还是看见而已。包括在那边，我让格列喇嘛和其他藏人帮助我完成这个作品，还让他们用感觉来书写，不要用思想，不要用情绪，更不要用某种主张，不管是宗教的，还是审美的。这些东西不是我这组作品里边应该有的，不需要强化和明确这样的东西。你已经看见了，看见了什么这是你自己的事情，重要的是，用你的感觉调动你的视觉，用你的视觉带动眼睛后面的思考，这是每个人都有的权利，而我绝不限制这个权利。

二毛：当时照片上的书写也没有刻意强调书写的辨识度吗？看起来更像是符号，像是随性铺染开来的。

高波：是我用另一种方式在叙事，因为用文字叙事，永远是具体化的。我不控制它，但有一部分是可控的。说句实话，当时决定做这组作品的时候，我在家里提前练习了一点印地语和藏语的书法，还有阿拉伯语。当然，拉丁语和汉语的书写是我相对比较熟悉的。我把这几种语言变成一种自动书写，一种新的文字。也就是说，我的手在书写这五种语言的过程中，自然地感觉到形成了一种自动式书写。

二毛：是按照它的字母的书写规律吗？

高波：不是，是一种即兴的。在反复练习的过程中，会形成一种书写的习惯，像拉丁语的连笔，汉字则是从上到下的书写，还有像阿拉伯语字符间那种跨越的感觉。形成书写习惯后，越写越像一种文字。拉丁语系的人看了，会想读懂，因为他知道那是他们的书写习惯；喜欢中文书法的人呢，看了会隐约感到他一可以读懂；阿拉伯人看了自然也会觉得那似乎是他们的语言。藏语就不用说了。

二毛：但是又不能完全读懂……

高波：对。我觉得这种书写实际上是我作为一个人，对自身力量的否定。以前，我认为语言和文字是我的武器，是我可以对这个世界表达看法的有力的、准确的武器。慢慢地，我觉得，我的能力太有限了，我所有的表达都是被局限的，是被控制的，也是会瞬间被占有的，甚至会带来灾难、胆怯。既然你不能说真话，还说它干什么呢？因为你已经接受了你是无能的，但不说了又觉得不对，所以还是要说，还是想叙述，想表达。可说出来的又是被局限的，一定是错的，是危险的。另外，我觉得语言和文字是非常高级的东西，如果滥用它们，自以为是地去使用它们，首先从我自己的角度来看是不能被认可的。这种被动、主动、潜意识、犹豫、恐惧、不自信、混沌，甚至包括自身携带的那种粗鄙，这些东西这会儿放在一起，就形成了这样的决定——算了吧，什么也不想了，我只是写；什么也不说了，我只是让你看。

二毛：这样好像就形成了一个开放式的空间，给观者一种召唤，但又不能得出一种明确的答案。

高波：所有的答案都是被局限的，也都是危险的。所以，我说我是在颇赋争议的真理中寻找真理，在真相中怀疑真相。

PART 2

混浊的呓语

私密的胎记 — 混浊的呓语 — 西藏的手印

静谧的光

是你的手，最初接触到了我吗？那么？你的无言等待着谁的表达?

是我吗?

你比我还要清楚黑暗的力量，黑暗的孤独，黑暗的恩情。

你轻轻搅动着光，像是对黑暗一种暧昧的表达，一种无谓的妥协……

光生长着，以她的速度，忍耐、宽容的姿态，似乎已经是在你难以到达的时空。你，留在黑暗中的，像喑哑的手印、土地和洪水、裂变的贝壳、一些散乱的盐巴，以及母亲放下的思念——她青春的发梢残存的温柔。

你再次搅动光，无比轻柔，无限温存，你承认着你的残忍，还是你无言表露的谎言？

是谁的额头，最后承受这静谧的光，然后，缓缓到达了谁的窗棂……

忿怒

善的本性能幻化成如此的忿怒之相？抑或是善的本意？在你头顶混乱的光晕中，显示大德大爱的婉约，叹嘘，怜惜。

慈目中波动的影，在你的加行中，以忿怒的形、容、相、体、味、色，滋养你原本清净的根基，点化你尊贵之下污浊的淤泥，塑一尊灰色的法身，只显怒相，不示慈悲，与心性中的恶吻合，与道路上的孽障为伍，只等待忿怒之神的大无畏，便可了断！

因为惧怕内心的恶念，所以惧怕忿怒之相。

因为逃避善的重负，所以无视忿怒之慈悲。

因为无奈的俗世锁住的爱，所以祈求忿怒的解救。

觉姆

此刻，你美艳的姿容刚刚越过念青唐拉
你梳理过青春的初夜已是漫天繁星
你一身香汗，如九月的肢体包含的慈爱，理解，伤悲

此刻，你儿时的牧场没有青草的芳香
你堆积的沙丘正等待流浪的风撕裂
你同样和我看着一个月亮，你说：多么冰凉

此刻，你暗红的袍衣裹着一个清洁的身体
你轻盈的呼吸，冰雪匆匆的声息

你不能熟睡今夜，一切契机的门洞已经颓然塌陷

此刻，你泛溢着水花，鱼在深处充满暗恋
你到达的西藏如莲花给你掌心的温存
你铭刻的手指在褐色的岩石上画下最初的神形

而此刻，如何认识前定的尘缘，如抚摩一片树叶的茎脉，在风中脆弱的丧失水分，变成粉末，在那个指缝中悄悄漏下……

觉姆！——前世的眼神中凝固着石头的记忆，怀想的日子从南国到雪域的小小翅膀，暗含女儿多少的哀伤，暗含女儿多少的哀伤……

小小的翅膀已经不要再飞翔了，合拢，缓缓收起，让风自己在空中画下各种的图案，让天空不再如女儿的心般寂寞，让不多的雨水打湿三月的花蕊，安然已是永久的表情。觉姆！

你放我在你的路上，我空空的不知前方，你笑着说：黄胡子老妖怪！

手镯在一个特别的时刻断了，觉姆看着，像看一个夭折的孩子。

手放在觉姆的身体上，浪涛涌动，涟漪四起……

守住的寒夜呵，请表达你最初的贞洁。

觉姆——觉姆——觉姆——念起你的名字就是一串泪珠。

此刻，谁懂得此刻的思念，此刻的忧伤，此刻的疯狂，此刻的高雅和尊贵的指尖散放的香甜，觉姆，夜安然，女儿，你已经圆满，是了，是了！

此刻，拉萨没有夜雨，风刚刚路过，静谧的夜空，你站在那虚空中，以最矜持和宽和的笑，看着拉萨的黎明，在河岸上忽然到来，然后，你忽然醒来，然后，你空空的去寻找你的一条路途……阿呀……阿呀……阿呀

路

所有的道路似乎沿循着河流的方向。

到处都是道路，也都是你的枪口，孤独的路呵，一直在路上……

路的孤独，决定了每一个行者的孤独。他走在路上，路因为他而延伸，或者缩短，没有一条道路背弃过真正的脚步和足迹。路有时会中断，在不知不觉的呻吟和舒展中——断裂。撕开口子或落下巨大的石块，水带来的沙砾，冲垮，然而，路的方向始终是沿着河流的，像跟随一条炽热的血脉，适当的弯曲和起伏，随着季节变换着气质。

那是在青藏公路的子夜，月光下的路像少女的脊背，清清的月亮洒下的光泽让人心碎，平整，突兀的骨节，高贵而又涣散，路的形态被改变了？路的使命被消解了？不是路，是一道命定的轨迹，四周黑暗的旷野中，路凝固在一个手心，手心被篡夺后，前方的城池无比虚幻。

于是，路无路可走，无处可去，无往无来，似乎前定的话语没有了方式，尤其是在路上，鲜花烂漫，野草繁茂，星斗移转，如果忽视了朴素的脚步，就是漠然了路的尊严。

河床

我在努力靠近你。这是一种空洞的努力、抽象的力量和具体的形，让我突然疲倦，而又异常亢奋。

你如月轮的耳郭，在蓝布碎花的衬托下，绝望而美丽，我如此迷恋，把手浸在深冷的拉萨河中，扭曲的鹅卵石让我摸到了西藏的子宫……

你在哪里——我的大美！我的大神！我鼻尖冰凉的气息似乎已在你的殿堂，你的臂弯，我四肢如秋天的杨树，恣游在一个空廖的季节，我忠诚于你，美、神，以及真理，那么，如果再有一次叛逆，你会是如何爱怜而又无奈地注视我的背影……

似乎在一个特别的时辰，光格外亮，也格外暧昧，早春的牧场炊烟已漫过童年的山坡，草尖上的露珠意外的晶莹，那似乎是你处身的血滴，在阳光的线条下找回了童贞，一些散乱的词句匍匐在草的根部，于大地温热的蠕动、私语，这时，你在哪里——我的大美！我的大神！

再一次把手放在深冷的拉萨河中，水波从远处传递过来，和我的手完成着一次最为尊严的礼赞。这时，你出现了，我没有激动，热烈，狂喜，只是淡淡的愉悦，像水纹一样，忠诚地守候着河床。绝望的河床。

月色海 Ⅰ

如此无私的海！

繁星留下的影子，像鸟群匆忙的爪印，而在另一处的天际，你的海螺刚刚吹奏，那些刺激的声音，已越过你的海域。

而我是站立的，并不直挺，似乎在适应海的波浪形成的自然的弯曲，不是迎合着你呵！而是更难以表达的坦然、寂寞。

我们一起注视着月亮，让月光洗染我们混浊的春天。

其实，我们没有更深刻的话语，以及种子，一朵可以入药的花茎，这使你抽象的形体融合了月光下海的运动，一丝细微的波纹，足以摧毁一句誓言，一道无往的波痕，足以撕碎久别的期望。

没有更多的表示。因为月光下的海，就如无常德心，犯下的错误而一次善意的举止，可以化解多少怨愁。海，海下的水星，是否接纳着无比皎洁的月光，唱着我们共同的歌谣？

放下劳动的日子，牛羊遍满山坡，我把呼吸的权力交给了一片寂寞的海，原来它是我手中的一滴泪水……

月色海 Ⅱ

是我以你最初的海的形态——如愿到达了你的心海，我愿意以这样的方式等待着你——你的到达，表示，抑或背叛……

此时，我看不到真相，包括我们的那原以显在的真相，我难以言对，但我知道在海中，那些泛滥的水花，是我们不能言语的良心。

此刻，你坐在对面，以你的唇印，眉目，静止的发，所以，我才说：——你闭嘴，没有任何誓言让我信任你简单的爱，所以，你妥协吧！

海呵——海呵——母亲的海！

你孤独的海呵——愿此夜的浪花就是你永远的温柔。

以前留下的语句，今天可以如此惨白吗？我孤独着，像你的孤独，可是，我看到月光下的海，像我未曾出卖的心。你懂吗？就在不远处的你，偶尔微笑——只是水漫过了原野，漫过了家。我哭了，在我泪水的内部，你们是同谋吗？我看见你逃离的步，一寸一寸的，于是，我知道了什么是最后的逃亡——原谅我，在海的内部，另外的形态，我只是无能，我只是爱着——来证明我的无能。

无言的手印

现在，是我们沉默的时刻！

放下刀子，花朵，让初生的婴儿不要呐喊，在风冲乱我们庄园的时刻，你要记住曾经的姿态——如果只是一个简单的手势，一种无所不在的透露，就可以是一枚自我释通的契印，交付给手掌。

是的，这千姿百态的手印，如云朵，如风雨，如电，只是如是观。

这美到极致的手纹、契印，那么优雅地结合在一起，轻轻地触摸在一起，暗含神谕，独自无语，其中有多少的芬芳，花瓣碎末的芬芳。

能在你微笑的时候传授给你一个手印吗？你微笑着，虽然带着些许的推诿，些许的慌乱和怀疑，但是你还是奉出了额头，这么年轻的额头，其实已经布满了皱纹，只是青春的你，浑然不知！

然后，是你的手，它们微微颤抖着，逐渐形成一个“印”的契记。弯曲、紧张、收缩，使对手的一种判断，还是受本质最后的自首。

手印嵌入灰色的墙中，西藏的墙终究要被刷的洁白，灰色的墙面在底层，像青藏高原的灰色石头，上面镌刻着永远的手印。

难道就这样留着，刻画在西藏最古老的岩石上，变成风化的痕迹。刀子失去生命；生命抛弃信仰；信仰舍去智慧；智慧宽容愚痴；愚痴怂恿无知；无知造就无畏；无畏衍生强暴；强暴生出烽火……

手印呵——你如愿的契印到底在哪一节尊贵的骨头上，等待我们秘密的时刻——节节相连。

一次或永久悠长而舒缓的呼吸。

马背

祖先的马鞍上镶嵌的绿松石为何一夜散尽?

鞭子以昨日草原的神情，守护在空荡荡的马厩，我听到你深夜咀嚼干草的声音，熟悉，真实，像父辈在皮袍中的鼾声。

我不敢抚摸留存你体温的马背……混合的香汗、异乡的气味、路上的花香，那个帐篷里留下的种子，在牛粪火的灰烬中……

又有人落地！失去马背！又有人卷入风中，痉挛的肢体正在被分裂，一场古老的祭祀活动正在举行，鲜花的原野上失去根茎的你似乎召唤着我，我看不清那黄铜的形神，满地散落的松石呵，何日再回到女儿的发梢，成为部落最初的佩饰。

雕花的鞍子如今失落在哪里？

……

红鸟群

拉萨河滩上，冬天的石头比任何一个季节更惨白，因为几乎没有下雪，山峦出奇地泛绿，于是，整个河谷显得沉寂而大度。

一个中午，阳光直射着细软的浅滩，一群红鸟忽然穿过河谷——没有任何的预兆，河面上起了微澜的波，这些波一层层递进、叠合、堆积，甚至成为一些奇怪的漩涡，无奈红鸟的翅膀只是瞬息掠过，拉萨河水无法记录下它们那尖锐而好看的翅膀……

红鸟并没有意识到，一条河流忽然出现在它们飞翔的身体下——那弯曲、细小、发亮的河体是队列出现了小小的裂变，它们忽然进入了河谷，大地上出现了它们飞翔的样子，是大地的血脉——河流完美了它们，这些不知从哪里来，要去向哪里的红鸟呵——感恩地向拉萨河回眸。

红鸟是一种什么意象？

这又是一个怎样的时辰？我被锁定在阳台上，目睹了这景象，平淡，平常，而我被击中了，颓然的我，僵硬地站立了整整一个下午，直到黄昏临近，光线逐渐暗淡下去。

这是一个拉萨河平常的午后，一群红鸟穿越过河面后，似乎什么都没有发生，水面上又出现了鱼儿的水花，有几个孩子慢慢走过来……夕阳把他们的影子拉得很长……

黎明，波浪，拉萨河微小的波浪，能承载昨日红鸟离去的欢喜和悲伤？

拉萨河，母亲的臂弯中，哪怕有过你一次真正的忏悔？

哪怕有过一次真正的忏悔，你就永不怕了！你把石子投向她的瞬息，河面是凝固的，就像一块冰冷的墙面，没有斑斓的油彩，没有笔触，没有呻吟。

凝固着。

石子停在半空中，还没有落下。红鸟的翅膀便因为你的举止而优雅地凝固，这是一种尊重，还是更甚的蔑视，或者，良心的漠然?

鱼呵鱼呵鱼呵……拉萨河中的鱼呵，它们游走着，游走着，让河面轻轻地荡起让我们窒息的淡蓝色的纹路。

命呵!

我当时手里真有个石子，但没有目标，它的等待比我的期望还充满忍耐。

手中的石子越来越有温度，像不曾出现的小小爱人逐渐肿胀的乳房……

红鸟呵，何时再飞越过我的拉萨河，我的肩膀……

梦呓

如你愿意的梦，可到达了我的床柢。

而我如此沉入拉萨河的深处。水呵水，就此浸淫着你的彼岸。

你的手如此缠绵，像水底涌动的草，那些神经质的水草，缠住了我们的一生。

而我的梦呓刚刚开始，围拢着家、家园、草坪、院落，梦呓告诉我：让主人走吧！

每一片梦呓都是无谓的呼唤。我没有承认过，也没有低泣过，因为那所有的尊贵，只是在瞬息间，抓住了你的手，手中的花，花中的海。如我梦想中的心，愿供养，无所不在的供养……

而此刻，你的言语，如青稞的麦芒刺透了我，一份真切的刺透。

你在干燥的风中。你就在风中。

愿意吗？好大的风！你把小手举起——我可笑地看着你——难道你是一面旗帜？

今天，夜空散漫着彩云，夜如此深呵……如此深，深过我们心中的海洋。

我们从来没有节日，从来没有。没有祭奠，没有温床，有的只是逃遁，在你孤独而自我的心中，你说：我懂！但我绝对不告诉你！

我把今夜的火焰，化作你灿烂的笑容，难道是我错了，我坦然？安详？从没背叛？

看着缕缕月光，如针线，如发丝，如十九岁娇嫩的皮肤上的细细绒毛，在夜的痕迹中，同时梦呓：

舍去吧！舍去吧！舍去吧！

“如果你画好了一个圆

那便是你最终承认了这个世界。”

无望之语

请就此入定。

如你纯粹的心，或者你崭新的容，你如此便可以入定。

你亲吻你的芳香。怎样的言语，同样无望。

而此时，音乐如潮水漫过处女之躯，那紫色的原野，那暗含的窗棂，你退却了。

我已安然入梦。在袍衣中，你抽搐的身躯让人战栗。孩子，你那么绝望吗？

在你的法座，春天的枝丫刚刚愉快地到来。嗨。孩子，放下经卷。

当承诺如花瓣落下，你为什么不把仇恨交出？你知道仇恨的能量要比爱的能量更大。

你驻足、回望、念思、自聊、静坐，寻找那线索、痕迹、气味，而每次，你都陷入在空洞清凉的躯体中，当我们苏醒，却在你饥渴的躯体中……

一个声音给出抽象的画面。索索索。索索索。

不是物质。没有出路。满怀希望的一次绝望的审视。

一种更少的性情。世界的量和质的相互尊重。谦让与协和。所以，无望之途的言语上有了另一个印记。

那些光亮和声音同时在告诉一个潜在的世界，或者他、她、它、众生，让无望在生命中留下一丝美丽而脆弱的声音，那声音是一个暗语，一个词条，一个寓言。

此次不朽。

言

一条鱼不在水中；一块石头不在天空；一朵云彩不在大地；一个佛陀不在天堂。

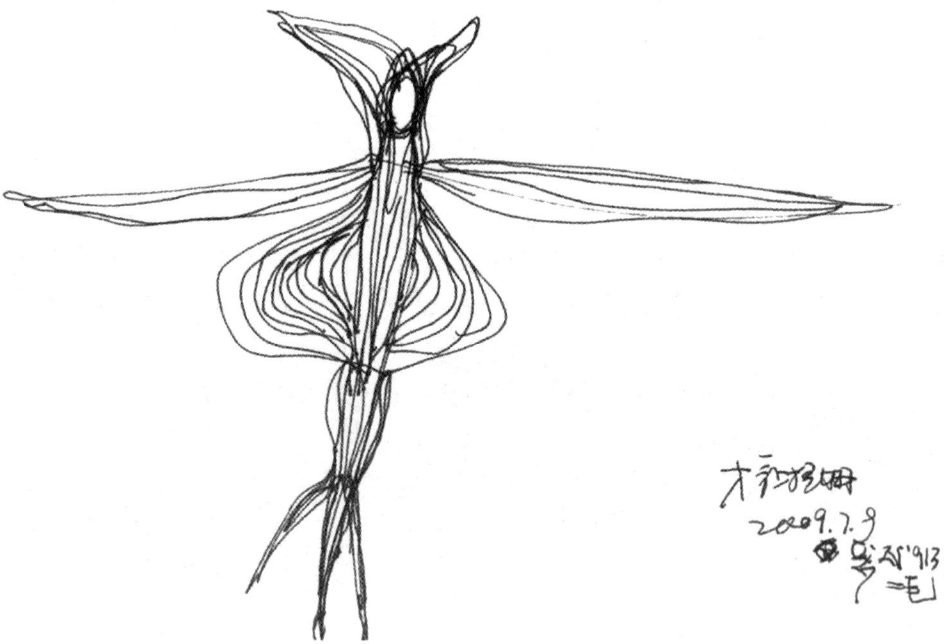
2009.7.9

才让拉姆

是谁怀着你前世的绿松石，越过多少迷雾，轻盈地到来。你满含的泪水呵，打湿了九月的衣裙。女儿呀！是谁穿越过你漫长的梦魇，给你一个高贵的微笑？

一切都是前定。纳木错，那圣洁的潮汐在一个阳光的正午忽然静止。才让拉姆，收起的青春已经开始泛黄，那些遗落的发丝准备着更深沉的生活、歌声、劳动和酒！

一切都是前定。恍惚之中又走进了西藏。

西藏的风呵，怎样爱怜地裹着这个充满爱的女子。裹住她身躯的西藏的风知道她的空落、她的失意、她承受过的，还有正在承受的所有。

才让拉姆。额头忽然闪亮，命定的、清洁的精神在新春的山脊上赐予了女子，那肩膀上升起的淡淡的薄雾呵，便是女儿荣耀和卑微的光阴。

于是，她便有了一个新的名字。名字被叫响。

你说/我的眼睛/那宁静的颜色/是你最初的爱/珍藏的梦
我慢慢走近你/在你的怀抱/变幻的色彩是谁的一生

你说/我的泪水/那忠诚的守候/是你如愿的长夜/唯一的请求
我轻轻告别你/在我的心中/一直在为谁祝福祈祷

纳木错/天上的眼睛/纳木错/我青春的泪水
但愿你的梦/但愿你的夜晚/一切安详/夜夜安然

这都是你呵！美丽的你，满天的碎羽在飘！满河谷的飞絮。你怎么能不欣喜？那无上的使命，那没有归宿的大爱，那风中写下奇异文字的泡泡乖女，你无上的念祷，和我一样，学会了放下、放下、再放下……

一切都慢慢放下后，爱、力量、信仰高高地站着！

泥泞和沼泽

那是一个怎样泛溢的国度呵——放眼过去，没有道路，没有任何的草木，也没有山脊和缓缓地河谷，没有大麦，青稞，没有一块完整的石头，没有父亲的掌纹。

它是无限蔓延，浸淫的泥沼，像运动着的巨大地皮，包裹着所有的有情（有知觉感觉的众生）。也没有任何的声响，像潜伏的夜，尽力控制着自己。

世界多么的沉寂呵！世界是多么的沉寂呵！

没有中心和周边，没有可以识别的形体，没有分裂，连时间都静止了。就这样僵持着，没有性别，没有再生和重复，这是一个怎样静默的国度呵！

二王
2009.9.8晨

甘露

无上的念持呵，是心中的力、念，抑或是来自九天的大恩?

从草中取到药，石头上取到火，水中取到灵，梦中取到果，这是珍稀的甘露，没有外形，没有特质，却充溢着无边无际的空明，世界如此渺茫，而那无所不在的力量，却浩荡在每一个角落，如晶莹的泪滴，爱人的血和风撕碎的一只小翅膀。

可以低下头，宝瓶里的圣水滴落了……

圣水的加持消除我们多少的孽缘和障!

这好似透亮的梦境。玉石失去光泽，已经不需要再被打磨。透明的梦境涨满了宇宙的私语，那唯一的一滴甘露悬挂在九月的格桑花蕊，像刚刚得到温暖的心，那一滴为世间良心留存的唯一甘露，就包含了所有正在愈合的伤口……

慈航

请洁净的食物、水、理想、爱、宽容、诚实做引领我们慈航的母亲。

那是不执着。没有窥探，没有试验，没有射击，没有飞翔和堕落。那是大家、万物、众生在同一温暖中，亲切但不甜腻，温柔而不矫情；爱但从不放纵，生命在慈航中是静止的，没有外套和指环，不亢奋也不沮丧，从未沾染美酒但陶醉一生……

慈航是爱唯一的方式吗？

是吗？它包容了一切，是生命的轮回中永无休止的常在。它源自信仰，最后归于众生的平常心。它出自慈悲，最后归于回向（功德回馈），它是在一个特殊教义下诞生的心灵仪轨，然后成为自救利他的崇高方式。

慈航从未有过具体的形式、方法，它不需要任何道具，不需要导师，没有说教，更没有鞭策，没有教诲，没有层次，没有许诺，也没有戒律，它是对所有生命的赞美，歌颂，尊重和谦卑，而慈航从此到达那彼岸。

彼岸

彼岸在哪里?

多少人苦苦追寻的问题。而“你”呵，始终是拈花而笑，不，那手是空的，连花都没有，那中性、愉悦、安然的笑呵，暗喻着最朴素的柔情和案底。

彼岸！“你”真的在吗？面对无常，面对苍茫的星宇，面对人生，你真的在吗？那里的泪水也是咸的吗？那里的爱需要法典吗？有水一样的冰吗？

“你”呵——还是笑着，并且一直这样笑着。

我曾努力过，把一个遗弃的女子当成我的彼岸，为她而歌谣，为她而朗诵，可是，当她幻变以后，似乎周围都是汪洋，在极度窒息的“水”中，我忽然隐约触摸到彼岸的礁石，在狂喜中，我停止了继续探寻的行为，回归到一种崭新的冥想中……

于是，我快乐了，我丧失了家，可是我真的感到舒缓的呼吸的自由。我病恹恹地幸福地走着，享受着，孤独着，把贪心和背负的怨交给了青藏大地。我哭了，在云南的山巅，并合掌祈求那大山高水接受下一个小男子的无礼和不敬。

“你”呵——还是笑着，仍然笑着。并且看着挂满泪花和你一样笑着的“我”。

梦游手记 I

是我到达了你的存在吗?

是我到达了你的梦魇吗?

我越过了帕廓街的小巷，在白色的墙面和青灰色的石板路面，你就逃遁了。三月的初雨带着雪花，留下了痕迹。像一只手划过去后的印记，适度的温存，我忽然流泪了——为巷子的别处传来我兄弟的叹息和轻轻的诵经声……

那微弱而清晰的声音，涨满了我的耳膜，我的心肺。我已经受不了了。而你蝴蝶般轻盈的翅膀居然在缓缓呼吸……缓缓呼吸……

翅膀在空气中，缓缓呼吸……这声音游走了多少年，流浪了多少年，今天，在拉萨，在梦游的时刻，击中了我，还有你——最最爱我，又不懂得我的兄弟。

这多么凄凉又美丽！我的兄弟们。爱着你们。我疲倦又幸福。你们懂得吗？！还有我的女人们，谢谢你们身心的供养，我在梦游中，犯下的罪与不恭，愿你们解脱和谅解。

你，我可敬可爱的人，此刻的你似乎还在酣睡中，有一缕发丝正在悄悄地发白，疲倦地贴着你青春的耳轮，那美丽的耳轮上，也负载着我落寞的吻。

你，我可敬可爱的人，让我进入你的梦境中，那别样绽放的花朵叫什么名字——卓玛？格桑？白玛？益西？芸卓？

可那些花朵为什么微微低垂？是思念的沉重，还是骄傲的自首？

在你的梦境中，你轻微的鼾声曾惊动了多少人，而让黎明的时分提前到来。

梦如游丝轻轻地抽回，凛冽的清晨降临了，雨收起了翅膀，拉萨河有些混浊的身躯微妙的闪亮了一瞬。

云中的岁月
2007.9.24

梦游手记 Ⅱ

一朵莲花 一朵莲花 一朵莲花

从微小的蕊心中，慢慢地绽开，花瓣间细小的声音，却是宇宙的梵音，只有梦中的耳，听得到，只有脱离繁重的肉体的意识，听得到。

莲花开放着……水扩散着……那梦中的女儿又轻盈到来……

似乎还挂着刚刚风干的泪痕，无为地看着，那朵莲花其实就在她心轮上绽放着，女儿浑然不知，她怎能奢望自己的肉体居然是“法”的心座、“慧”的载体。

莲花慢慢张开，女儿的身体渐渐成了一朵莲花，腿变成了根茎，躯干变成了花瓣，头颅变成了花蕾，一阵风送来的飞雨，变成了九天的甘霖。

可是，这是梦吗?

此时的女儿没有知觉。

她娇嫩的肩胛还没有丰满起来，她极其干净的手指进入不了更深的地方。何时的种子终于在她身躯里发芽、绽放，这是一个路遇的梦游者的意外，这是一次那久远时刻潜伏的情愫，一次撕心裂肺的呐喊落地的声音。

一朵莲花 一朵莲花 一朵莲花

女儿喃喃自语。梦被花粉的暗香缠绕，更似乎是一种呵护，那些不洁净的，邪恶的念头会以更甚的力量进入到女儿的身体，那些重重的梦魇就源于这些念头。

梦游者携带着的是怎样的念头?

梦游还在继续……

梦游手记 Ⅲ

梦游者纷杂的念头，变幻成一尊尊面具，浮在空中，错落交织，周围是藏青色的漩涡，丝毫不激烈地旋转着。

喜悦的面具、忿怒的面具、慈目的度母、法怒的护法……那些念头的种种象征，梦游者能在阳光下再次回忆起来，并得到那启迪和真相?

梦游者找不到梦的本质，而每尊面具在粉碎之后，回到各自的本质，在被臆想、被制造、被供奉前，它们分别是香泥、草灰、药粉、麻绳、牛骨胶、绢布、木棍，还有手的温度和虔诚。

四周是封闭的。温和的藏青色漩涡跟随着梦游者的步子，自由地运动着，漂浮着的各尊面具随着梦游者的每一个瞬息而变的念头——变幻着，交替着。

那一尊尊面具也在捕捉梦游者的每一个念头，那巨大的能量来源于哪里？温顺、强大、内敛的能量来自哪里？这是一个再普通不过的梦游者，一个普通的思想，一个普通的念思，来自于哪里？梦，梦游者，梦呓，梦魇，梦寝，梦想……

缓缓的漩涡渐渐凝固成藏青色的浆汁，均匀地渗透在每个空间，布满了大千世界，在这个时刻，所有的面具都回归到各自的点，没有事件，在一张鲜艳的卡垫上，梦游者正在舒缓地呼吸着……

青藏酒令

酒呵酒 酒呵酒 酒呵酒

那可以燃烧的液体，冰清玉洁的身子，忘乎所以的直白，无上的爱，依恋，尊重和放肆。

我们想象着这样的场景：

· 在一条白色的帕廓街的巷子里，独自走的人，他肯定已经喝醉了，头道的青稞酒的力量正带领他走向一个温暖的怀抱中……

· 在密宗护法殿的案桌上，供奉的酒已经脱离了世俗的醇香，那酒冷峻、含蓄、宁静，与长明的佛灯、净水共在，那酒已经脱离了酒的世俗含义，而是一种至上的供养。

· 在一个智者寂寞的深夜，杯中的酒有手的温度和爱人的体香，酒是他（她）唯一的伴侣，和信仰一样，守着纯洁和孤独的时光……

· 在青海湖的南岸，酒是一场终极欢宴的歌声，那思念，那愁苦，那各种可爱的醉态，那早早往生的诗人索宝，我们让这片草原有了多少美妙的诗句，然后，我们一一离散……已是多年！

· 在一个奇异才子的地铺上，酒和一个不知名的女子同样酣睡着，男子看着她们说：美呵，你们多美，这夜空多美，这世界多美！

· 在金沙江的德庆村落，一个伟大的思想家几乎醉了，他要跳进江水中，在朋友的规劝下，他平静地说：我爱我的祖国！我爱我的爱人！

· 在北京的“玛吉阿米”，最后留下的，醉倒的，是我们最后的族人，苦涩的笑，含蓄的赞捧，冷眼的躲闪，还有，沉静的无言，这都是你的子民呵，“在那东山顶上，升起洁白的月亮……”

·在伟大的德格，在她的脚下，酒是一个少年思念的泪水，酒和泪水一起落下，漫天的雪花呀，落满男子的头颅和双肩，没有任何的气息，静止着，酒——这时就回归它的本性：等待主人的行为和回答。

此刻，在伟大的德格：主人无语，酒无语。

·在纳木错的扎西岛上，2003年10月5日的那天，残余的酒在一个重庆女子的唇边打开了她和西藏的奇缘，她醉在梦中，在熟睡中熬过了海拔4900米的高山反应，而同来的人，呻吟通宵。这个普通的女子正在记录着她和雪域的点点滴滴……

酒没有秘密，从不窥探，从不监视，从不伪装，从不背叛。善的本性和烈的个性，以及缠绵和放纵。她永远没有主人，她无法选择主人，她多么被动，甚至多么无辜，多么不幸！

酒没有生命，她的生命需要被再次认定，她没有母体，她的母体是那些朴素的果实，颗粒，水，她来自田园麦地，来自秘密的酿造，来自某种传承，她在阴暗的地窖中等待着自己的命运！

酒甚至没有个性，因为她的特质决定她不能有个性，她不能自身地表达，因为她潜伏的神性。

酒没有爱人，也没有情人，她有的是她忠诚的朋友，她拥有的是理解她的知己，懂得她的性格，她的存在，她的温度和她怀中释放的快意。

酒永远不会失落，因为她没有愿望，没有乞求，甚至没有想过在哪一只的杯子里或廉价的粗碗中。

酒的贞洁在于她无法选择她的主人，她是被动的，无助的，就像一句古老的谚语："妓女的贞洁，贵妇的肮脏。"所以，酒是最洁净的，最干净的。

酒永远不会抛弃什么，因为她不会拥有什么。夜的漫长，日的灼伤，春的雨露和冬的轻轻的雪花，她沉默着，宛如母亲沉默的胸膛，除了心跳，就是那无边无际的悲怆。

酒杯永远放在时间的指针上，放在沙盘的颗粒上，放在一个轻轻滑走的竹笔上，那一刻，时间的休止是对一种神的甘液的纪念和尊重。

落在一个叶片上的泪滴，是最灵验的药丸，或者粉剂，或者是一页薄薄打制的金箔，那里包含着"酒"所有的回向和感恩。

生命的礼供

你从高处落下，那身姿在空气和凌晨的寒气中，是怎样的形态，呼吸依然在，在那瞬间的坠落中，那呼出的气息是顷刻凝固的雪霁。

果然，第二天，一场忽至的大雪覆盖了北京，还有你小小身体着地的草坪。

阳光意外爱怜地照着那块小草坪，停留着，散发着你青春的芳香，还有你拙于表达，你的羞涩，你的干净，还有，你超乎常人的勇敢！

你已经是那么不屑与俗世呵！情感的蒙蔽，欺骗，利用，揣度，还有不多不少的阴谋，你已经不屑了，于是，你一直在想，如何解脱，哪怕规避开那些非常的“解脱之道”，你极可能是在喝完了一杯加糖的苦咖啡，慢慢下了决心，有了选择，这时，你嘴角抿起一丝淡淡的高傲的笑意……

那笑意足让苟且偷生者战栗！

云朵依旧飘过雪后的北国，你的故乡南方也刚刚落下了一场小雨，路上全是车，车边全是人，很多花刚刚开，也有许多花瓣落下，卷进风中。只愿这解脱的仪轨，是你最终的抉择，但没有人赞美。不能赞美，用更深更冗长的默叹和爱惜，为你点一盏远行的明灯，愿自在，愿安然，愿如愿。

来世在一个静然的空间，再不要有烦扰的声音，安静地拨动念珠——你会说——多美的时刻呵，多美的人生，多美的我呀，多美的朋友，多美的茶饮……

火供与水祭　I

哦！一连串看到那么多的地名，就知道你真的走远了，从海拔3650米的拉萨，掉到海拔4.5米的礁石上……鼻尖感觉到了你的孤独，就像瞬间化解在掌中的雪花，带着上苍的寂寞。

在灰蒙蒙的天空下，抬头想起雪域，泪水就会融合在咸苦的记忆中，车窗外的椰树，此刻竟没有一丝灵性，僵硬，乏味，而且那甜美的果实，第一次看上去那么怪诞，那么陌生，那么丑陋。

远方高处的男子呵，请教会我如何打坐，如何观想，解脱此时的虚无！

如何放下对你，对我的虚妄，而在极其舒适的下午，在一棵巨大的松树下，解开我的心絮……

游走依然在继续，因为收住脚步的驿站还在风尘中时隐时现。你只要拿到一张旅行的票据，就是被暗算了一次，所有承载你的物体都对你没有意义。但“法”除外，那善良和冰凉的手指从未离开过你瘦削的肩胛。

已是深秋的夜，松枝上的月亮在一丝云彩的遮挡下，有意外的光泽。风很大，非常的大。在风中，院中狗儿们的吠叫声来自另外一个国度，那让它们紧张和兴奋的光和声音，成为它们生命的夜色中，最不沉默的表达。

哦！念想是如此的空洞，疲倦。

而心，又是那么的焦虑，只怕曲解的话语掩盖真实，而真实“真”的在吗？因为惧怕真实而推诿了本来的路，而更大的茫然充满海岸上的沙滩，唉，这走在青春末路上的女子啊！

曾想过用一串最普通的素珠，串起和西藏的情缘，并把那无知无谓的呓语，交给晶莹的草尖和七月的蝴蝶，可是，注定这一切的落空，又是空怀一场？

不再上高原，不再去平原，也不守在海边，那么，女儿的身体会安然在哪一个地点？害怕一个默契的约定，一次纵情后的空落和沮丧，抑或是在微笑的清晨醒来后，嘴角还残留青稞酒香！

无边无际的星空啊，请赐予我一句简单的谶语。

2009.9.8

火供与水祭 Ⅱ

哦！你似乎已被抛得很远，连石头落地的声响都离你那么远。只有风从草丛走过，才发现你遗落的猩红色围巾。

又一次在镜子中端详自己，两鬓渐白，青春不在，然而手背上秀丽的青筋还搏动着少年最初的情怀。多少人走过的路途啊，有几个人能叫响那些香甜的野花的名字……

你不要出发！

把火交给水；把水交给海；把海交给天空；天空交给云彩；云彩交给大地；大地交给土；土交给森林；于是，有了火，火啊火，水是母亲，火，便是父亲！

出行

每次出行，似乎都在期望捡到自己的爱人，一起带回来，在老旧的液化气上，做饭，煮肉；重新换一下窗帘等等的幻想。那似乎是旅行一直进行的原始状态，那时候没有想到爱，爱并不实际，旅行中实现的是——一见如故，嗅到暗香，把自己认为的“爱”带走，不管周围是什么环境，长着什么样的树，什么样的人，什么事情！头顶上下着冬雨还是碎雪，只要有一种气味，缠绕在空守的时间里，游丝般地被抽去……

每次出行，都带着犹豫的，拿到票，会看上好一阵子，装行李的时候，也会把同一双袜子装两次，最后放在一个小布袋里，行李箱里放几个藏香香囊，旅行就开始了……

旅行的交通工具，永远的那么拥挤，狭小，污浊。坐在舒适的沙发里，等航班通知，周围被冷漠的眼神和虚假的服务热情熏染着，旅行就是把自己放在一个空盒子里，盒子里的任何蠕动清晰可见，没有私密。那进行的旅途，站点、中转地标，都被动而甘心情愿地完善着，装点着枯燥的旅途。

旅途中，始终有一根线牵扯着自己，那就是西藏的味道，西藏的芳香。

那就是西藏的胎记。

花朵和芳香是一起的，苍凉厚重的青藏，粗粝的风雪中的花朵是水晶，芳香是鞭子一样的风的奴仆；胎记和身体也应该是一起的，可是，有些奇怪的时候，胎记会离开依附的躯体而去旅行。旅行的胎记，让大地布满了疮痍，自由、孤寂、没有主人、缺乏安全、更没有方向，但痕迹很深，一切都会留下痕迹，就像世间所有的声音永远游荡在时空中。

就像西藏的手指，在岩石留下的刻画，灵性浸入石头的骨髓里，感性的手指腐朽成粉末，变成沙尘，无处可以伸展，无处可以苟且，无处可以黏附……那虚空中留下的是骄傲而美丽的幻影！

如果没有这些幻影，胎记就不会如此忠诚地守在躯体上、肌肤里，而且偶尔的旅行，走得越远越诱惑，杳无音信更让逐渐衰老的躯体感到安全，感到被安置，被尊重，可以肆无忌惮地坚持到死。

2009.9.9

元素

混沌初开的光阴中
是谁以最初的良心
造就了亘古至今的法
那些芬芳的姿态
留存为我们黑发藏人的
鼻梁 奶酪 牛粪火的帐篷
中难产的婴儿
第一声啼哭

诞生了 诞生了

于空明中是三种元素
我们一一叫响这些名字

火生了
干燥的木柴
具有信心的火种
正确的方法

天生了
太阳的光热
月亮的清凉
星星的繁荣

人
生命的凄美
死亡的轮回
生与死之间需要牵引的中阴生

水啊
母亲的形式
以纯洁的冰
以活跃的液

以供养的气

信仰
以佛的智慧
以法的威严
以僧的慈悲

恶生了
贪
嗔
痴

命生了
真
善
美

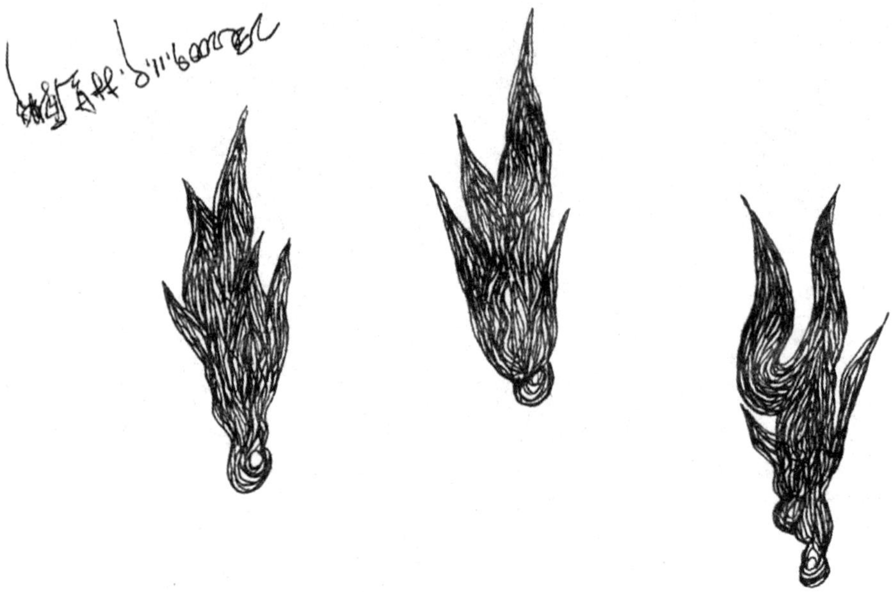

坛城

是一些细微的沙砾
暗红 湛蓝 紫青 橘黄 雪白还有黑
多么克制的色彩啊
多么克制的音符啊

这仅仅是象征的“器”世界
未来的 现今的 曾经的
那些被赋予使命的沙砾
最终 化解出的是我们世界的原形
那么 智者最初的是“拈花一笑”

还是“喜极而泣”

更甚“自在涅槃”

具体的手 心

以抽象的方便之法

在浑浊的河流中

完美的一次供养

于是 曼荼罗

无形 无色 无味 无边 无际 无法 无念 无想 无思 无常 无题 无关 无论 无度 无恒 无间 无穷 无思 无余 无如 无阻 无果 无艺 无界 无碍 无从 无量

无量界

究竟的杜衡
现身的说法
无量的境界
须臾的刹那间

一刻的不容缓
顷刻的变换
殊途是否的同归
圆满了却的自在

世俗悲愤的爱恋
红尘难解的情缘
道路虚幻的躯体
轮回修行的次第

原形毕露
花枝春满
罪孽顿悟
天心月圆

风马

铁 土 木 火 水
我们认知世界的五元素

地 水 火 云 天
我们飘扬的五色龙达

飘飞的风马
不再是天蓝 云白 火红 水绿 土黄
而是金白 木绿 水蓝 火红 土黄
那是世界在我们构成中

完成的一次礼供

“世界是我们的
也是你们的”
你们是谁
在飘扬的风马旗中
你的神形是否和我一样黯然神伤
或者 你说
我的飞扬 只是你的外形
我的飘零
是你前定散落的念珠

那么 龙达
宝焰升腾
四蹄飞奔
是世界的使命
还是命运的驱使
那最后缓缓落下的
是爱人还是复仇的婴儿

我不能只站在高高的山上
告诉那些生活在下面的人们

怎样耕种 怎样繁衍 怎样迁徙

甚至怎样苟且

怎样卑劣荣耀

只愿一片小小的风马

落在他们的肩膀

哪怕那巨大的能量

砸伤他们本来就伤痕累累的肩膀

寓言

传说落地的前方
就是我们的家乡
而未出生的神话
将带领我们到达谁的梦乡

寓言　三月叶片上的露珠
谁深夜的泪水
光明的手怎样收藏
在心中
寓言成为一把古老的刀刃

抑或 一首未曾传唱的歌谣

大地上走动的王
因为你的卓越世界荒凉
一盏马灯
驱赶的夜晚不是寓言

就放下你的马匹
那重生的寓言
是我九月逐渐锋利的舌尖

字符

神
是我们的图画
我们的舞蹈
我们最早沙哑的嗓子
献出的歌谣

神的感动
神的恩赐
神的无奈
于是——“人类，你们记载下你们的行为吧！”

“在我们的路上，我们的战争让我们有了更多的水源，更多的女人，更多的财富，而我们的心灵在黑暗的地方，看到了光亮，于是，我们又出发了……”

这是你的笔迹吗
这是你使用的最初的文字吗
第一个字母是神的指头
所以
直到今天
神少了一个手指
她献给了我们
人类
而她成为我们意义上定位的“残疾人”

“你们到底记载了什么？”
我们的沉默
我们的惶恐
我们的背离

是我们创造了神

最后

是神抛弃了我们

忏悔的文字在一个特别的时辰

缓慢地苏醒：

“我们没有罪孽，我们要活着；我们要出海，要让死鱼的眼睛换回我们的生活；我们要宰牲，这是我们放牧它们的意义；我们不是神；我们要权利；我们要在雪灾到来的时候寻找没有湿透的牛粪，我们的女人她厚厚的胸膛挡住了懦弱着哭泣的脸庞；我们瞧不起自己；我们把水挡住，让它的能量解决我们的无能，我们把毒物做成更毒的药物，因为我们已经病得不轻……”

文字中已经没有了神话

字符中已经丧失了生命原本的性 生殖 阳刚 阴柔

于是

图腾被字符化

我们的家园变成了游乐场

我们回家

要购买一张小小的门票

门票上 印着我们祖先的图腾……

那么

我们还要叙述吗？

按照神最初的怜悯

我们还要重复吗？

把我们的神话写成拙劣的文字

如意树

今夜
你生长的树木没有发芽
其实春天的枝丫已经到达了你的彼岸

今夜
孩子的啼哭不是你的罪过
他前世的梦正在醒来

今夜
你恣意生长的爱没有归宿

那温热的土地回到了海洋

今夜
刀子变成花朵
格桑花成为水底的稻草

今夜
年老的夫人正在整理青春的失误
爱情的云彩照亮她苍老而风韵的耳轮

今夜
有人比往常还沉默
他并不是为那些莫名其妙的事情苦闷

今夜
你的树木已经非常高大
但它不会忘记凋零的时刻

今夜
就在今夜
如意树记下我们的心事
它长大了
我们的衰老才刚刚开始

慧眼

请看着我
其实你看着的不是我
而是你的心

你智慧的窗棂
正在
正在
慢
慢
打

开

而愚顽
暴虐
痴狂
莫名的傲慢
没有信仰的无畏
在它所坚持的黑暗中
怜悯 被它拒绝的怜悯
拯救 被它抛弃的拯救

无望的绳索
在慧眼的爱中
划下优美的线条
没有泪水可以唤醒黎明的噩梦

世间确实没有神
神
其实就是你慈悲的心
智慧的行为
还有感恩的回向

大手印

手结如意的契印
大圆满 大威德
在九重天的雪域
一些大手印
满含暗喻
虚化在半空

万物的姿颜
众生皆欢喜的姿颜
那神的优雅

朴素如喜马拉雅脚下的石子

而手划下的痕迹
缺憾的指印
一半在空寥的念想中
那依稀可见的另一半
是吐蕃的胎痣
在永远的定中
大自在 大回向
在你安然的一瞬
请金刚跏趺坐
手结一切如愿的契印
证得自我的无上心性

PART 3

西藏的手印

私密的胎记 一 混浊的呓语 一 西藏的手印

引子

在一个时辰
所有的石头回到西藏
所有的大海回归成雪花的舞蹈

在另外一个时辰
所有的星宿都成为一面海子
所有的仇怨都变成慈悲的甘露

西藏的手印

1

就是这样一个时辰
似有那奇异的预兆
而每一片叶子都没有显现
奶水四溢的青铜水盆 如以往沉静

就在这样一个时辰
在秋天的水上
在九月的枝叶上
一块淡褐色的玛瑙上
一个西藏的女儿降生了

没有啼哭 没有初生的恐惧
安然的眼睛让周围显得出奇地安静
空气似乎凝固 大地泛起波潮
少女瞬间隐遁入岁月深处
在须臾 刹那中
一只孤独的眼球占满天空

在无数灵异的时光中
少女依附在栏杆 远望山峦

她和十三只幼小的牛犊
一起找到一眼干枯多年的石泉

她用细密的牛毛绳缠绕着乌黑的发辫
偶尔她会发出笑声
四周就像展开了无数透明的翅膀
空气战栗 每一颗粒子都在战栗
天边就漂浮几丝彩云

没有一个长者赐予她名字

没有一个大德给予她加持

念力啊 似乎就是女儿的全部
当女儿慢慢长大
她更脱离了眷恋的一切
熟悉的桑烟 牛粪
夜夜相拥的藏獒
她生命的根本道场
她生命的全部道场

于是 在一个透亮的清晨
少女越过荆棘的庄廓
第一次走进露珠的草原
她疯狂地呼吸着 呼吸着
每一片肺叶因为疯狂而窒息

少女悄然消失
整个村落没有任何异样的动静
那亘古千年的修为
是了悟生命的黯然

灵性的少女不能用任何方式表达
不能表达
一切都是天机
一切都是前定

身后的部落在虚空中迁徙了
牛羊的哞叫 狗的欢奔
少女的身影覆盖了曾经帐房的楔子
覆盖了曾经的火灶 茶饮
覆盖了曾经的一切

一场缓缓而至的疾病
选中了女儿

她握住故乡最后一朵格桑
在秋雨的爱抚中
静静地等待着
等待着什么
爱 死亡
还是……

2

少女的额头
生出一珠花
娇艳 朴素
而翠绿的叶子正在返回泥土之中
在泥土深处 预谋的石头
水 已被忘却
然而花瓣却充满忧伤
仿佛少女十月的病容
花儿悄悄生长
少女已不知年岁

只知道陌生的箭头始终对准
她的窗口
她的指尖留下仅有的温情
散着紫檀的幽香
她知道父亲最近要回来
为她赶走一个个病菌
亲手温暖她的茶饮
天黑了 每一粒空气饱含
光明的种子
无数的身影已经消失
那些动情的阴影
充满少女的周围
他们爱莫能助
只有泪水潮湿的火链
粉末的食物

少女呻吟 慢慢穿过群山
于是 风的奔跑更沉重 更神秘
谁的心被取下
像秋天的刀取下花茎
死亡发生过
而香火依然很旺

为什么在此时 在世纪黄昏的接口
少女要承受忽然的疾病

她已吞下了苦果
她已承受了罪过
在西藏的水中虔诚地洗净了身体
然而 放生的鱼没有回到水中
它们留在岸上
阳光烤干了她们的皮肤
它们让孩子死在腹中
永不接近他乡的水域

水呵 你这母亲
女儿的身体是你的珠链
是宣言 是夜半的香汗
可是 你的温柔已是无能
当你到达少女的病床
你会在她的眼角刻下什么
那微弱的气息
纯洁的处身
会不会一样被你掩盖
只到来世的啼哭

从父亲的手掌上开出一珠花
还是一珠花 永远的一珠花
绽放在西藏
生长在每一个眼睛中

当健康的少女吟诵经文
那该是何等地清香
何等地铺天盖地
然而 此时的花朵
是少女唯一的陪伴
她离家族的血缘 她离牛羊
都遥远 她寻找声音
却被声音所伤
永远游荡而不能聆听
少女把孤独留给自己
把玉石埋在土里
她已一个人陷入冥想
她完成着另外一种生活
有火、酒、高大的男人们
没有工具 没有道德
他们幻想 针对一珠花

看见妄想中的花 流下泪

他们恐惧

用嘴咬断时间

这使少女感到疼痛

感到身体异样的快乐

她用眼睛告诉如箭的光阴

“我不一定活着

但不会死去！”

3

一夜之间

所有的经文忽然复活

在西藏

所有的石头纷纷上山

是少女的呼唤？还是命定的缘

那些被灭亡的原始虫壳

重新发出清脆的声音

这声音在时间的手掌上

在厮杀 贩卖 灭绝中

并——未——消——失

只到今日
只到雪花混乱的少女清晨

苍鹫应召而来的吗？
那一颗头颅
充满幻想的抱负
被谁轻轻取下
让儿女在巨大的翅膀下
懂得阳光的含义
以及生命 草和冰冷的床
病中的小小女儿
口含最后的秘密
她已不再奢望把门打开
涌进新鲜的风
鲜艳的手指
擦亮那面铜镜和父亲的桌案

而星宿扑向河谷
喜马拉雅迷茫的雾中
过路的人 行色匆匆
没有留意一座正在败落的花园
在少女的梦呓中

在疼痛的呻吟中

莲花正暴露冰清玉洁的身子

而更深重的云

成为少女命定的故乡

她不能走出去

在父辈留下的史书间隙

曾有多少女儿悄悄坚守

四面充满回响

而女儿面对的是

一个病中小小的我

4

女儿不是唯一的
当父亲的血流干
煨起桑火的手千只万只
在火的舌尖上
始终保持舞蹈优美的姿势
直到女儿倒下
依然美丽而不失风姿
在尘埃中 在恶魔的诅咒下
疫病夺去自由之后
尊严高高地站着

四处游走的人
将病菌留在了每件器皿上
他们不愿听到
一个美丽的少女
再不能健康地笑 欢乐地唱
如今只有废墟上的月光
流下世纪末唯一的泪
与他们无关

手上长满黑斑
蚊虫的穴 灌满了雪化成的水
少女似乎进入了沉睡
她只牢牢记着一个人
他是——父亲

（父亲啊
你的马还在草原
在茂密的草中生下了小驹
它远离刀光剑影
疲倦而幸福
我即将死去

进入你身体起伏的土地
到来世 到吉祥鸟祝福
再做你的女儿
配上首饰 长发曳地
再做你的女儿
点亮前世的明灯）

2009.10.14

5

一片残缺的幡叶　渗透石头的寒光

少女似曾相识的太阳花

一缕缕化成黄金的液汁

在你即将消失的语言中

你必须放弃了

放弃对疾病一种安全的依恋

一种缠绵的投降

女儿

不要让叙述中断

不要给火更宽容的表情

6

“为什么不唤醒我
好心的人
去山里采药 花的药
石头的药
屋后有一眼尚未打开的泉眼
阿爸会念诵灵验的咒语
不要扔下我
我是唯一的命
你们在哪里
小园长满了荒草

小鸟不归巢
经幡在风中停止
门口有一块搬不走的石头”

“好心的人
你的衣衫依然艳丽
沾不上灰尘
你这般骄傲
还呻吟都是美丽歌谣
我不忍心
看到你的脸被沙粒吹皱
我正在赶来 正在赶来
请将一腔温情
留在月下 我摸着你的头发
带着神奇草药 护身的金刚结
正在赶来
用呼吸打动你
你这绝尘的女子”

“请给我水和盐巴
给我事物的本质
给我风干的肉末

泉水的泪
给我火中的羽毛
给我七月的雪
给我马莲的姊妹”

“温顺的人
我两手空空
你知道雪化了吗？
你知道泉眼干枯了吗？
你已远离世界
在透明的漩涡中
再也受不到伤害
只有一枚银戒
女儿 我已为你穿戴
伴你度过空明的时光”

“幸福的人
青稞的麦芒
已举起你的露珠”

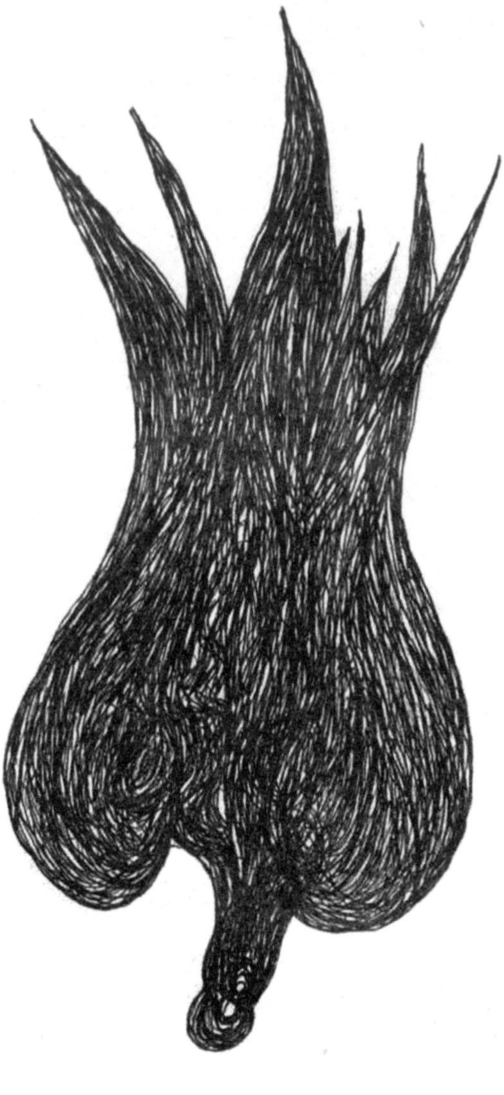

7

少女的梦

到达梦中的马

各色的疯狂虫子

构成少女混战的梦

在无名荒原 旌旗落地

火红的狐皮帽 在刀丛中

是花 更多的盔甲 骨儿多

马鞭

成为少女珍藏的遗物

梦中的水异常沉重

像透明的壳
裹住纯洁的初身
在巨大的树叶下是暗绿的发丝
这是一只古老的手指
从每粒灰尘中
伸向病中的人
只有一片灰色的窗户
印下手指的投影
手指结着契印
缓缓地移动

这是怎样的时辰
语言成为哑巴的武器
敌人变成新娘
花朵含着毒汁
而恶狼却抱头痛哭

这是怎样的时辰
手指的命运 到最终
吉祥而苦难的手指
只有优雅的弯曲着
像父亲曾经的背影

阳光下的七色经幡
纤细的风
爆裂 纷纷扬扬
成为女儿黎明的头巾
而在夜晚 少女托付了身体
给黑暗最诚实的许诺
而梦中的景象
却不是在手指的骨节上发生
以至于一场疾病
使一切忽然变得简单
看到
沙粒中的黄金
雄鹰淡黄的茸毛
少女初次的经血

手指刻下弧形的图案
留在少女祖国的门板上
这些线条渐渐溶进时光

8

一块岩石

失去了鹰的翅膀

二毛
2009.10.1

9

一条道路
自己在寻找方向

那么 当鸟群飞过
离家的人会换一种肤色吗？
高挺的鼻梁
会因为遗传而塌陷吗？
还有牙床 骨头
家乡的冈底斯山
会卸去戴雪的容颜吗？

10

少女醒了
陈积的年岁清脆的变成尘埃
已不是往年啊
她失去了上妆的清晨
她想哭　却没有泪水
鲜艳的卡垫上再也没有
接待过客人
洒着一些阳光的碎片
她回忆着
是那么一束日光
在额头上留下一处痕迹
美丽的央金卓玛
正飘飘而去

11

“阿爸

女儿已认不出你

只愿那道山梁

还开着淡蓝的花”

12

有人却记下了
用最普通的符号
写在西藏寒冷的大地上
秋雨中变硬的草
成为少女周围
不可逾越的屏障
那草丛中的神情多么凄婉
仿佛是凝固的温暖
远处的城郭
沉着海岸
延伸……

2009.8.14
二毛

13

风铃响了 意外的风铃响了

太阳倾斜的影子

少女的疾病 向内心逼近

网 网 网

当手指交叉

时间是什么?

毁灭在末路的祈愿

少女是唯一的见证人

在“你”走失之后

14

“你是谁
如此弯曲的眉毛
虚假的鼻梁
粗重的呼吸
你是谁
是时光唆使的剑
是岁月的私生子
是谁？ 把门打开
而四周并没有围绕的墙”

15

没有“谁”

少女从薄冰上站起

接受太阳的穿刺

她轻轻走过

留下浅浅的脚印

少女要去远方

去温带草原 热带森林

寒冷高山

她要抚摸火出生时的枯木

找到树根 忠贞的根
她还要打开石门
取一卷经书 要么回来
要么去更远的地方

……远方
三片叶子上消失的远方
有多少头颅化成泥土
最后变成
黄金鸟
青铜牛
白银马
乌铁狗
变成少女　高贵的骨头

（那永恒的精神呵
怎样选择着我们）

16

一粒在风雪中飘舞的晶体
细小颗粒 是西藏山上冬日的草
少女最初到达了
旧日的栅栏
风铃正喑哑多年
一节松散的牛毛绳依然紧扣着
腐朽的门
她手中的石头
被潮闷的大地改变了形状
她想到曾经的羊

一夜归来 咩咩叫着
在火盆旁 母亲端详着醉酒的阿爸
那种气味多么令人沉醉
而今呢？时光已经过去
谁也不能到达的筵席
一道忽然的闪电
缠绕着少女病恹恹的身体
她的腰身日渐丰富
冬天的雪沾湿了她的靴子
她只有跨过土墙
从往日的温暖上跨过去

刀埋在土里 玛瑙嵌入大地的脉络
少女再也不能返回
在废墟的一场大火中
河水一望无际的两岸丛林
被映红
少女成为站立在灰烬中的
最后一个人

17

少女的脚下是温热的土地
火的执着更坚韧地
进入冰冷的核心
像钝秃的长矛 深深地插入
草皮翻起灰褐的腹部
大地的王 围绕在紫色的光中
栗色的眼球
爬满往事一样的网
少女能看到网后的记忆
却不能穿过网

她努力着 针一样的交融
而浩瀚的时光
已使王沦陷
已使王落在网中

她明白
她只要一抬脚
离开这余火未尽的大地
她就要进到喜马拉雅寒冷的山谷

“也许 到了那山谷
所有的病菌便不能繁殖
只让冰雪封住我的心”

18

喜马拉雅的山顶亮着
天边的雪光漫过亚热带的丛林
少女暗暗意识到
沿着幽暗的河谷
迎面是温暖的风
招动着
不知名的植物抽象的手

少女感到新的呼唤
感到关节奔跑的强烈欲望

哗哗的风
吹开冰雪堆积的山口
少女要一步步进去
把饱满的激情
打进顽固的石头中
她要灭绝一丝柔情
甚至不留一点怜悯
她知道只有身体的消失
才能保持纯美的灵魂

在喜马拉雅
少女面临的不再是一个自我
不再是疾病 爱情
她拣起死鸟的翅膀
把腐烂的苔藓装进怀里
她渴望万物经历一场浩劫
返回混沌

从未有过的力量
召唤她
走向一片沼泽

19

好似有半边云彩
在石缝中间
长成一只灵异的耳轮
这多少年
多少年了
它听到了什么
那前世的男子
是怎样守护这耳轮
怎样爱恋着露珠的时光
而他的宽大袍衣

慢慢褪去了原来的颜色
他在轮回中
丢失了心爱的念珠
当一场风雪
印出少女的足迹
男子的相思
是今生少女发簪的红色细绳
轻轻牵动她
爱情？莫非是鹰翅驮起的
雷声
柔软的女儿
伸开双手在等待什么？

细碎的雪又落在肩膀上
留下睫毛上的
是美丽的绒绒的冰花

男子忽然与少女相遇……
没有预示
连清晨飞翔的闪电鸟都没有啼叫

“你还记得这刀痕？

你还带有护身的香草吗?

“两双手
十个指头的冰峰
我记得
你们留下我
夜那么长
你的名字却想不起了
你的伤口还疼吗?”

“我的马丢了
可缰绳还捏在我手里
那是你编的
用的是上等的牛毛绒
你背水的木桶
为什么不在你的肩上?”

“我不知道
请让我沿着山谷
回到母亲的子宫
请让我告别你
陌生的人”

当男子回头

头发散落在每一座山顶

他不能去 他只想拥着女子

在一个角落

在一顶帐篷里

让他们的孩子

站满空寂的草原

20

他只看到飘舞的碎羽
散尽的花 前世的水滴
他的手伸向空中
一刻也没有停止

永远的散失
难道就是命运

21

午后的雪

轻抚过男子

似一尊遗容

他把手摊开 成锋利的刀

松枝落下的地方

注定成为男子一生静修的菩提圣坛

2009.11.7

22

爱情呵爱情

死亡的舌尖上

煽动双翼的蝴蝶

飞过西藏 飞过

少女的绝望鼻梁

23

“请让我带领
遗遁的女儿
佩上松石的耳坠
走过这片荒地
走过雅鲁藏布
去找灵验的泉
用翠绿的叶子铺好你的梦床
让黎明变成云中的金顶
我们回去
回到健康快乐的生活”

“多情的人 我的手已是虚无
我每一次呼吸
刺透肺叶布下更多的黑洞
我怀着柔情
会说很多很多的蜜语
让火焰舞蹈
我知道因为你的到来
我会更加绝望
你身后的灰尘
汗渍的脸庞
还有什么不能放下啊
不能放下”

“女儿 甜蜜的水
正在从你的脚下流走
你是五月的青稞
萨嘎达瓦的桑烟
而土地正在分裂
你的影子
请跟着我
那里阳光普照

仅有的一朵云彩
是留给你的绿荫”

“好人啊
在你的怀抱
我守护的枯井
溅起了水花
而我不能讲述
哪怕只是暗示
疯狂的病菌会扑向你
我把你留下
含在嘴里
请做一颗古海的玉珠
在我的路上
在路上……”

24

命运的绳索

命运的一生牵引

男子重新将发簪盘起

红嘤嘤的穗子

为心爱的女人出走而迎风低泣

男子盘腿

手结金刚大契印

将十万条鱼放生水中

讲十万匹马回归丛林

他观想

自己化为空　潜在的物质
有形的骨节　都为空
在空寂到达
极致的时候
坐定处生出一支莲花
绽开八瓣静虚的叶片
在花蕊中心
生出一个咒子
发出绿色的光
由一个点扩散成巨大的圆
花茎穿透身体
在命门处
端坐着略带怒相的本尊
幻化成大千众相
幻化成唯一而无数的自我

而在地的最深处
一头暗红的牛
正吞吃下所有孽障的果核

为什么会有守护的鹰
在悬崖的巢穴
收拢起翅膀
静静看着天际滚动的云
看着甘露一滴滴注入静修者的心

而当这肉身
这凡心
这如火的欲望
在旋转的法轮中
变成灿烂的咒语
当寻求解脱的心不再呼啸
远方的女儿啊
你真的在路上

25

女儿在路上
走入一片荆棘中
她的手是波动的桨叶
难道秋天的饱满不能停止她的脚步
或者一粒果实的慈善
就这样放流
连河水都没有了方向

女儿在路上
偶然的花朵 遗落的叶脉

是良知

还是顺应的逃离

女儿啊 如何斩断

只有虔诚的祷告

却不是唯一的词语

语言已经流失 或许也在路上

却不知千万女儿的衷肠

这是前定吗？

问答的时辰似乎露出霞光

那是在黎明的马背上……

26

路 路 路
这是女儿念叨的话语
她看到光亮
父亲的手掌
却不能完成一次最礼仪的表达

抽象吗

一个静默的村落
等待女儿的玉体
朴素的床榻

足以接受她无上的肉身　女儿
女儿

父亲已含言而笑　他不语
因为歧义的语言变幻云彩
因为过多的甘露溢满天空

谁比谁孤寂
女儿呵
请仔细抚摸你的手指
指尖的温情
是谁的一生
背弃的一生
如何抱怨
如何感恩
只是拉萨河水的微小的波浪
便注定你的漂泊

放下啦　夜色中的拉萨河
你的流失并不证明你的尊贵
流去吧　月光下的拉萨河
你的理想并不欢喜着我们的黯然

27

女儿驻步

周围是河水的喧哗

亲爱的人

如果此刻　此时

你站在我身边　哪怕很远

我会将最初的泪水

倾泻给你

请你备好金色的茶樽

28

黄金散去

银色的手镯悬挂在天空的一角

只是那些朴素的物质

它们曾接近过女儿吗

如果山谷的回声会告诉另外一个故乡

那坦然的微笑会在哪一道山脊

所以

天空中的声音

告诉女儿

已经放下的不要再拾起

荣耀　财富　他人卑劣的笑
只是真理的形容
绝不能玷污

如雪的故乡呵
请接受那永恒的色彩

29

女儿含笑

前辈的马蹄踏过雪野

细碎的冰花如水晶的贞洁

放弃了

割舍了

一袭秋风的怜爱

足以度过漫长的季节

请接受尊贵的礼仪

这是传承最后的火焰

吞没它　吞没它

女儿便安然无恙

30

无恙的女儿

请你驻足在一扇窗棂

冰冷而亲切

那一格一格的木窗

会有古老的呼吸传出

那祖辈守候的亲情

留守在腐朽的环扣

再也不曾被打开

也许是一种囚禁

如自我放弃的一种尊荣

难道只剩下逃离

才能存留下你当初的歌谣

请你驻足在一扇窗棂
没有怀旧的手指轻易碰触
只是你无上的姿颜
唤醒曾经的记忆
甚至你的到来
只是虚妄的瞬息
没有更多念思
为你洒下花雨
当一切都显得如此柔和
女儿
还有什么漫长的思绪呵
女儿
当别处的风带着你青春的汗珠
你可以放下一段血泪的话语
让大地开满鲜花
让河流肆意奔流
让女儿在春天怀孕
然后 这一切的荣耀
只是你嘴角轻轻一抿
轻轻一抿的笑意

31

于是　女儿便可以轻轻地放下石子
温热的 带着水流动过后力量的石子
在阳光下　回归到河流中
水波 会划下什么
女儿的姿容　美丽的愁苦
或许一次黯然的失态
鲜艳如秋后的金盏花

女儿收拾你的行装
失眠的青铜如父辈的手掌

没有什么可以拿起

也没有什么可以放下

前定呵

在你的额头 意外的恩泽

如大地的黑暗

只有祈福的闪电鸟

掠过你的夜晚

有一丝丝渴望吗

如细小的雨滴

砸伤你

32

背叛再一次
再一次侵蚀女儿花样的身心
如果能让你纵情地奔跑
你就会有更多的同谋

可是命定的你
不能有一次微小的放纵
因为雨露的天穹
自私而广阔

只为你设计的囚笼

一道窄小的窗口

为了你活着 活着

好好活着

等待那众生的苏醒的黎明

好好活着

好好活着

33

故土以温热的水 迎接女儿的归来
没有舍弃的花瓣倾泻雨露
山外的风云不能记录曾经的神采
而女儿的眼睛 纵然美丽如旧

美丽依旧的女儿
请展望刚刚雨季过后的山峦
一些青绿的石子
绽放的古朴的色泽

含蓄 稳重的草皮
正泛溢着它们的原有的本性
而你 还要继续前行
路过家乡熟悉的山道
取一杯水 饮渴 念想
甚至腰间的小刀 开辟一条花径
让花瓣在醉梦中 坠落在
你青春的沿途

“年轻的人 放下屠刀
看羊子的眼睛 你会得到慈悲的念持”

这是女儿最初的祷词
随着女儿的青春已近末路
呵 走在青春末路上的人儿
父亲的故乡 已耸入云端
如十万佛颂的金顶
只是净土的一块瓦砖
只有在俗世的尘埃中
才是我们的执着
执着着

34

你会沉静下来吧
不再喃喃自语的为一个念头

不再愤怒于九月被盗的果实
收拾起火镰　盐巴
做一个雍容的女子
在阳光下 为父亲备好前行的帐房
让一堆篝火唤醒草原

还有那个跟随你而来的男子

他能在你青春的耳轮上
坠上一颗碧绿的松石
热情已被云朵吸收
只留下最后的坚贞和无语的等待
要么站在身边
要么从此别离
女儿
你折断的指甲悉悉有声
可你的执着却喑哑无声
不能为你指明一条道路
不能呵不能

男子的红缨发辫
在星光的夜晚依然鲜亮
他把长发解开
像黑色的河流奔涌在黑色的原野
他没有见到传说中的女子
他只闻到世上绝无的清香
这使他更加茫然
那漫止的思念和痛呵
难道要伴随一生

亲爱的女儿

让雄鹰的翅膀告诉我你的踪迹

让滴落的冰川告诉我你的汗珠

让十月的白霜告诉我你的绝尘

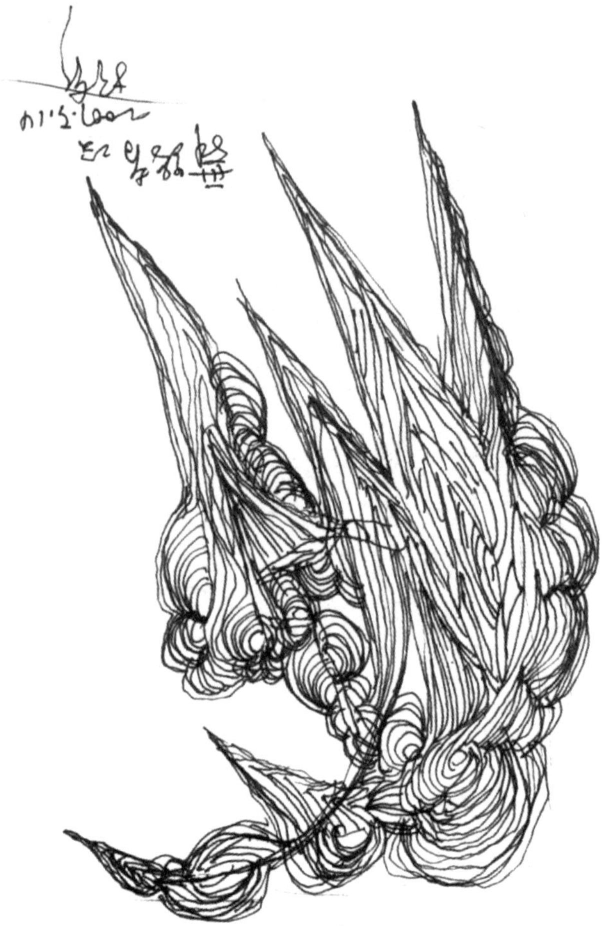

35

亲爱的男子

你的呼唤是珠穆朗玛的冰花

我处在你的周围

用爱包裹着你

还有你的瘦骨

和你的那大大的草原

只是我不能呈现在你的此刻

请用心等待

请不要忧伤

守护好小小的心肠

我们相逢的时光

已被嘎玛堆巴的星夜预言

那圣洁的水中

请接受我们神圣的沐浴

36

嘎玛堆巴
星宿格外的亮

水泛溢着
天空的身躯覆盖了大地
女儿多想得到一滴水
可女儿在无限的空明中
她没有形体
她没有血脉
只有抽象的思维

和所有所有的记忆
而男子
那宿命的男子
在水中是一条无明的鱼
他游走着
在西藏冰冽的水中
向着源头
那无数鹅卵石簇拥的冰雪源头
他能到达吗？

嘎玛堆巴
星宿格外的亮
天边的歌舞抑或是另一种表达
抑或是某种暗示
男子的形体是那么具体
与每一道波纹无法分离
水的温柔就是男子肢体所有的语言
他似乎没有一点感应
在水的深处
犹如在母亲的子宫
那彻骨的暗绿的水呵
流淌得那么坚涩　那么沉默

男子沉浸在安然

幸福的睡眠中

难道他真的忘却了

真的放弃了

这就是母亲的水 母亲的河

那无上的恩情

竟让我们的骨骼松软

竟让我们变得娇嫩

当冰封 当所有的浪花凝结

我们的双脚找不到温热的一寸土地

女儿呵

这是怎样的孽报

37

如愿天上的彩霞
是尊贵与奴仆的家园
愿千古的手印
守护着共同的瑕疵

呵 这如梦岁月的男子
你轻盈的落下
是不是你的愁苦
让你的路途遥远而坎坷
不是的

如愿的人呵
只是你朴素的生命
黯然的力量
唯一的表达

呵 这如梦岁月的男子
你还能挺拔
可看见那些茂密的植物
它们的物语
你呵你
独自走去
回来时你的家园是否依旧依然

呵 这如梦岁月的男子
我把最后的鞭子交给你
请你的奴役
请你的恩情
赐给世间众生的感恩

我肯定要出发
在你的指尖
只是花朵改变了季节

我哭了
我哭了
我哭了
为你青春的末路
为你青春的傲然

然而 我能记下什么
你站出来　告诉我

当雨雪散尽
当黄金暗淡
当故土流失
你呵　女儿
谁注视我唯一的尊颜
踏实 安然的笑
那是唯一的西藏
倾吐的烈焰

呵 西藏
天上的西藏
我是你唯一的孩儿
请让我尊贵的礼仪

成为你的

呵　雪域

女儿朴素的身心

就是你永远的纯洁

洗清我

如同洗清你的肉身

洗清我

如同涤荡你的清洁

呵　西藏呵

我清洁的精神

要么放弃我

要么收留我

那永久的收留呵

收留

一个女儿夜深而不知所去的千年香汗

38

黎明收留着黑暗的恩情

女儿收藏着所有的香草 伤口 喑哑的火镰

看羊儿出发

温过山坡

古老的牧歌再次掠过

白云深处的家园呵

只期待女儿的归期

桑烟重新被点燃

风幡鲜艳 在空中落下大地的彩虹

父亲呵
已把长长的哈达悬挂在村口
玛尼石被擦亮
阳光再次赋予这神圣的石头
永远的灵性

唵嘛呢叭咪吽
唵嘛呢叭咪吽
这无上的真言
世世代代怎样被念颂
怎样被镌刻
怎样被供奉
最终被印在女儿青春的额头

男子的臂膀似乎幻化成山脊
延伸在苍茫的青藏高原
放下洁净的泉水
放下奔腾的江河
那高处的爱
布满草原　丘陵　布满苍穹

这是多么美好的时光

这是多么伟大的时代
心 已经被花瓣簇拥
奴役已经被解脱
这是一个多么充满想象的时刻
云朵变成所有女儿的袍衣
雨变成喜马拉雅的白雪
梦变成歌谣和舞蹈

我的骄傲的女儿
在疾病的浴火中再生
她踏过三月草地
用最高贵的礼节
向父亲顶礼
就像在轮回中微笑的母亲
做最完美的祷告
河水涨了 露珠亮了
阿妈

39

呵 阿妈

那前定的念珠

那在路途上沉醉的女儿

一百〇八颗

乌黑 圆润 扁平的念珠

怎样捍卫了她的青春和过早泛黄的发丝

爱呵 用手 用心

用周遭黯然的所有

成为你生命的供灯

女儿呵

从拉萨到安多
从康定到别样的山坡
那一百〇八颗的念珠
那一百〇八颗的念珠
可是你青春唯一的收获
唯一的美呵

女儿 你是如此的弱小
连青石板的转经路都怜惜你的脚步
连最无情都雪暴都遮挡你小小的肩膀
你为什么愤怒 不平 呐喊
请你在部落欢喜的今天
放下吧女儿
走在青春的末路上
让更多的银发青丝
洒满高原
做一次无谓的供养吧
成为草的根茎
花的芳香
手的高贵
梦的前方……

40

美酒在银杯中
泛溢着蓝色的光
篝火照亮大半个草原
这世代的欢宴
流过了多少年
多少河水改变了河道
多少星宿从天而降
雪域的风土呵
却流苏千百年
就是那些古老的念词

没有被遗忘

你同样也没有被遗忘
你可以握紧拳头
但不是仇恨和血
不是试探和偷窥
千年的雪域
思考过生死　轮回
被教化过
它是成熟的牧场
永远生生不息

再拾起那串念珠吧
如你收下天上所有星宿的悲伤
愿你不要忧郁
今夜我在你身旁
过了今夜
我们将不再忧伤

羊儿回到牧场
你轻吟的歌谣没有被忘却
那意外的光

意外的亮
代表了多少人对你难言的衷肠
当你能完美那传承的仪轨
请轻步登上你的床柢
呵 那是多么的尊贵
呵 那是多么喜悦的时辰
天微微亮 血刚刚热
青铜的茶饮预示今天的天空要落下彩雨
虽然花朵错过了季节
但草 草呵草
永远在长

要螺号吗
白色的右旋海螺
传出的妙音
成为你的舞步
在你如愿的花野上肆意地舞
舞呵舞……

绛红色的袈裟并没有飘落
它裹着每一具凡俗的肉身
那色彩呵

曾让世上所有颜色都黯然无光

女儿 你用纤细的手指
轻触过那绛红色的衣衫吗
平和 温暖 又有丝丝凉意
那凉意来自内修的胎盘
来自慈爱的威严
来自教诲的温情

收下吧 在今天
在地球小小的村落
把爱 和谐 信仰
放归于众生的觉悟中
让一切的思想与分别
都归于大爱无疆的大无为中
愿此地为净土
愿众生皆为善
愿宇宙各自然

没有格外的声响打扰你
于静中的自在 愉悦和欢喜
可见到我的家园大片大片的雪花已苍白大地

41

西藏的女儿们呵

你们多么勤劳多么骄傲

你们饱含的乳汁养育了多少儿女

你们掩去泪水

找到火石 水源和避风的山脊

你们雪白的牙

从来没有咬紧着抱怨

你们歌唱 那美妙的歌声

你们摆动健壮的腰

在草地上舞蹈

你们看着心爱的男人
在牛粪火边酣睡
这时你们的笑最美
你们知道男人的肩膀轻轻扛着什么
你们几乎没有什么要求
只要天蓝蓝的
不要有肆虐的大雪
羊子不要丢失
孩儿不要哭泣
雄鹰翅膀上一直托着古老的梦想

而那唯一的一个小小女儿
她执着地穿过暗密的丛林
她无畏 然而她几乎已疲惫至极
她捍卫 然而却更加孤立
她是那么的孤独
只能听到自己的心跳
族群的默然呵

她写作 奔跑 穿透
还剩下什么 能剩下什么
故乡召唤的手停止在空中

如同一面静止的旗帜

她轻轻走过异乡的小巷
耳坠鲜亮
步履沉闷 那祖传的软靴踏碎雪花
母亲呵
请你温暖着女儿的茶碗
等待着她
卸下青春末路的记忆
卸下粗重的腰带
安然地坐在树下
像从前那样轻轻笑着
母亲
这是你做的最后的供养

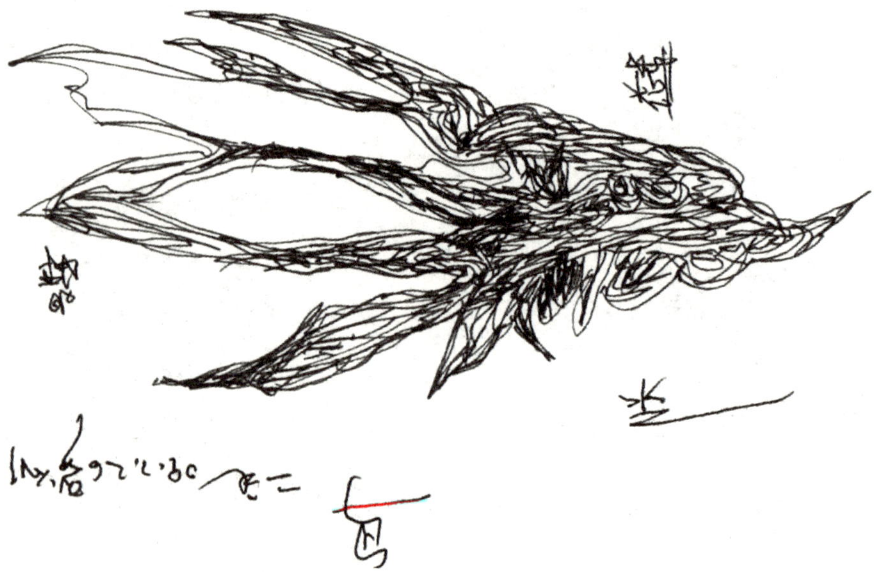

42

行吟浪游的男子
还在无尽的路上
他经过了多少炊烟的牧场
和静谧的村庄
在每一个路口
他都立下标记
他希望如果女儿能路过
就能发现他们命运的轨迹

其实

他们在同一个时空

有着同样的体温

他们从来没有过相聚

但从未分离过

只是浊世的风

会意外地穿过

会留下难以愈合的伤痕

神明的手指

请指引男子吧

他怀抱信仰

胸膛宽阔

青春的无畏已渐渐平和

在精神的思索中

变得温和 坚韧 大度

他已经准备好了

准备好了

去迎接自己的女儿

迎接那前定的时辰

而那美妙的时刻
究竟在何时
那永久的等待
会落下怎样的花果

如愿的手印
已经圆满
天降花雨
如女儿喜马拉雅的彩裙
男子呵
请拥着你的女子
建一处苹果的院落
竖起经幡
煨起桑烟
在青青的山坡上
牧我们的牛羊
再也没有肆虐的风
再也没有流不出的泪水
马蹄飞溅
三月的霜露
是女子最甜的乳汁
养育世世代代的子民

放河流下山

让手印绽放

那美好无比的时刻

已缓缓降临

缓缓降临

终